加藤鷹

JN275757

エリートセックス

GS
幻冬舎新書
035

エリートセックス／目次

構成協力　羽塚順子

序章　セックス上手と仕事がデキる男の関係

セックスの絶対理論は、6000人の女性とのセックスから生まれた統計学

セックスは決して難しいものではない。

それが、AV男優として6000人の女性たちとセックスを経験してきた僕の答えだ。

「挿入しても射精までいかない」「ペニスが小さい」「彼女のあそこが濡れない、ゆるい」などなど、誰でもセックスに関する悩みや心配事を挙げ始めたら、きりがないだろう。僕はいろんな媒体を通して相談にのってきたけれど、本当にたくさんの声が寄せられてくるものだ。

しかし、そういった心配事にこだわっても、いいことはないと思う。

例えば、そんな心配事のせいで自信を喪失し、それを補おうとテクニックに走ったとしよう。そして、自分としてはがんばって身につけた、そのテクニックに反応してくれない女性、歓んでくれない女性を（そもそも、そのテクニックが男のひとりよがりで、相手に快感をもたらしていないかもしれないのに）、逆に責めたりしてしまう人が、少

なからずいる。こんな関係、男にとっても女にとっても不幸なことだ。そんな悪循環に陥るようなことは、もうやめようよ、と言いたい。こういう悪循環こそが、さらにセックスを難しいものにしてしまっていることに気づいて欲しい。

僕の経験からすると、いわゆる「あそこがゆるい」というような、女性のヴァギナの個人差が理由で射精できなかったことは、ただの一度もない。

ちなみに僕は、すぐ「やりたい」と欲情するような絶倫ではない。絶倫ではないけれど、女性の性器の具合が原因で射精できないなんてことはなかった。

「でも、鷹さんはテクニックがスゴいから！」と言う人もいるかもしれない。だが、僕は、自分がスゴいなんてこと、まったく思っていない。さらに誤解のないように言っておくが、「あそこをああして、それからこうやれば、こんなふうに歓ぶだろう」などと手順にのっとって、計算しながらセックスしたことだって、一度もない。

僕のビデオをご覧いただいたことのある方はおわかりだろうが、バリエーションに富んだ体位をするわけでもない。せいぜい、正常位と後背位と騎乗位、その程度だ。「セックスが上手い人は、いろんな体位ができて、それを一度のセックスの中にふんだんに盛り込むものだ」と思っている人がいたら、その考え方は捨てたほうがいい。僕は、ほぼこの3つの体位で、十分満足できるし、女性も満足させてきた。

じゃあ、いったい僕は何をしてここまで来たのか、と不思議に思われるかもしれない。実際、ひとりのAV男優として、一時代を築いてきたわけだ。仕事でもプライベートでも、いろんな場面で、出会った男性たちから、「僕は、鷹さんのビデオで育ちました」なんてことを頻繁に言われる。それは嬉しい限りだ。

そんな僕ではあるが、してきたことはいたってシンプル。

ただひとつ、「相手の女性をどうすれば気持ちよくすることができるか、歓んでもらうことができるか」、それだけを常に〝意識〟していた。ひと言で言えば、これに尽きる。テクニックやら、手順やら、そんなものは関係ない。

僕の「セックスの快感」の絶対理論は、そういう〝意識〟で、6000人の女性とセックスしてきた経験から、身をもって得た統計学なのだ。自分の欲求はさておき、6000人の女性を満たすために、努力してきた結果ということになる。

先入観、俗説的な知識、テクニックは、邪魔!?

大事なことは、特別なテクニックを身につけて、駆使しようと気張らなくても、いくらでも〝いいセックス〟はできるようになるのだということ。

乱暴な言い方かもしれないが、むしろ先入観を含めて、俗説的な知識やテクニックは邪魔だ。一度、すべてゼロにリセットしてみたほうがいいと思っている。そういった情報に縛られている人は、逆に、女性を永遠に満足させられない可能性が高い、と言ってもいいくらいだ。

これだけセックスの情報が氾濫している現代社会では、正しい情報の取捨選択はとても難しい。きちんとした〝ハード〟ができている人なら、必要な〝ソフト〟をインストールすればいいけれど、きちんと〝ハード〟が構築されている人というのは、残念ながら非常に少ない。

ちなみに、ここでいう〝ハード〟というのは、セックスの快感の基本がわかっている体と頭のこと。〝ソフト〟というのは、セックスをさらに楽しむためのテクニックや趣向やスタイルなどのこと。ゲームにたとえれば、「ハード」＝「ゲーム機」＝「あなた自身」、「ソフト」＝「趣味嗜好に合わせて選び放題のゲームソフト」＝「セックスの知識やバリエーション」――とイメージしたらわかりやすいだろうか。

ソフトは氾濫している。「初心者向け」ソフトもあれば、「マニア向けの」ソフトもあり、「誰でもやったことのある有名な」ソフトもあれば、「人気はないが自分のお気に入りの」ソフトもある。

ただ、ここで言っておきたいのは、これらのソフトはすべて世の中の誰かが作った「既製品」であり、自分のオリジナルではないということである。聞きかじりであり、自分自身の力で見つけたものではない、ということだ。

自分に合わせるのでなく、相手の女性に合わせる、という発想の転換を

だからこそ、ソフトに頼りすぎないで欲しいと思っている。

そもそもソフトの種類は数え切れないほど多い。そういう、数あるソフトの中から「俺のソフトはコレ」すなわち「セックスのやり方はコレなんだ」と決めつけると、セックスは楽しいものでなくなってしまう。

自分で決めつけて、限定した条件にもとづいてセックスをして、それに合致する女性を探そうとしたって、そんなの探せるどころか、むしろ、限定すればするほど、そんな女性に出会える確率は千分の一、万分の一といった数字になってしまうよ、そんな女性、見つからないでしょ、と言いたいのである。

これはつまり、固定観念にとらわれず、自分の中に選択肢をたくさん持っていなければ、〝いいセックス〟はできない、いいパートナーは見つからない、ということになるわけだ。

じゃあ、〝いいセックス〟のためには一体どうすればいいか。

ぜひ覚えておいて欲しいのは、「これ以上、〝ソフト〟ばかり、〝情報〟ばかりを詰め込んでも意味はない」ということ。まずは、勇気を出して、一度、きれいにリセットすることをお勧めする。

これだけ大量の〝ソフト〟が出回っているということは、セックスがうまくいっていない人が多いことの裏返しでもある。なかなか自分に合ったセックスが見つからないから、新しいソフトが欲しくなってしまうんだろうと思う。

だからこそ、ここで、発想を転換し、〝ソフト〟に依存・注目するのをやめればいい。そして、自分自身の〝ハード〟そのものを構築し直してみてはどうだろう。

これまでは「自分が決めた条件（＝ソフト）を満たせるよう、自分のセックスに合うように、出会った女性を変えていこう、つきあってもらおう」というやり方をしていたかもしれない。それを、やめるのだ。非常に難しく、しんどいことだけれど。

そこで、発想を逆にしてみて、「自分のソフトに合わせるのではなく、相手の女性のソフトに合わせていく」と考えるのだ。「女性のセックスパターンは、女性の数だけたくさんある」ことをまず理解するのだ。それを理解し、受け入れられる〝ハード〟を持った人間に自分自身を変えてしまおう。そのほうがずっと楽で、結果的に、満足度の高いセックスに結びつくはずだ。

といって、僕は、現代の人たちが、〝いいセックス〟ができない原因を、氾濫する〝ソフト〟のせいにする気は毛頭なくて、基本的には「何でもあり」だと思っている。

でも、しっかりした〝ハード〟を持っていないと、どんなソフトでも受け入れられるようにはならない。

〝完成前のハード〟で、ゲームをやろうとしたら、不具合が起きてしまうだろう。Aのゲームは遊べたけど、Bのゲームは遊べないなど。ところが、ハードがきっちりできあがっていれば、AもBも楽しめるどころか、CでもDでも遊べる。

そういう意味でも、いったんゼロにリセットした上で、〝ハード〟をきちんと作り上げることを優先して欲しいのだ。

ビジネスマンの仮面を脱いで野性を取り戻せ

さっそく、あなたのセックスをゼロにリセットするのに、役立つ話をしよう。

まず、人間のルーツである原始時代に立ち戻ってみると、面白いことがわかる。

仕事を含め、男の行動や思考は、突き詰めていくとすべて女性に行きつくと言える。

例えば、毎日体を鍛えたり、車を買ったり、カッコいい服を着たりすることにエネルギーを費やしている一人のスポーツ選手がいるとしよう。彼のそういうエネルギーは、すべて対極にメスがいるという前提で生産されているものだと考えられる。メスに認められたい、メスを魅了したいというエネルギーがあるから、彼自身を飾り立て、他のオスとは違う、他のオスより優れている、と主張したい、というわけだ。オス対オスの闘いに勝利しなければ、メスと交尾ができないのだから、試合で見せる闘争心そのものが、四足動物の交尾のための闘いを呈していると言ってもいい。

そうやって考えていくと、男のすべてのエネルギーの源は、セックスにいきつくことになる。実にシンプルで原始的なのだ。世の中が進化したことによって、たまたま現代社会では、スーツを着たオスが、ビジネスという土俵で闘っているわけで、元をたどれば、女性を守るために狩りをして、セックスして、子孫が生まれるという営みが、何万年と続いていることに気づくだろう。

もちろん、女性を見てもそれは同じこと。着飾ってメイクしてお洒落《しゃれ》をすることを、本人たちは「ジコマン（自己満足）」だなんて言っているけれど、結局は、強くて優秀なオスに選ばれるためにしていることで、現代のメスとしてごく当たり前の行動ということになる。

そうやって、今の世の中にあるものすべてを原始時代のルーツに戻して考えてみると、意外とシンプルでわかりやすくなるし、最新の〝ソフト〟なんか気にしなくても、リセットして原点に返ればいい、という気持ちになれるんじゃないだろうか。

心の「読解力」が、質の高いセックスに直結する

そう。原始的な発想に戻れば、僕はすべてがうまくいくのではないかと思っている。

原始時代の人間は、おそらく現代人以上に、「感性」を大切にしていただろう。今より言葉や情報が発達していない時代だし、「感性」がすべての判断基準だったかもしれない。

……この「感性」こそ、セックスでは最も大事なものだ。

先ほども言ったように、セックスは、テクニックやハウツーではない。女性に「あなたのセックスは素晴らしい」と認められるような男は、何が優れているのかと言えば、相手が何を求めているのかを感じ取ろうとする力、つまり、心を読む「読解力」に優れているのである。

セックスを離れ、仕事でもまったく同じことが言えると思う。
ビジネスのシーンを想像してみて欲しい。ビジネスを円滑にしようとすれば、自分のことを主張するより先に、相手の心を読み取ろうとするだろう。そういうことができる達人が、例えば本田宗一郎のような、トップに立つ優れた人になるわけだし、実際、人の心を読もうと心がけて、日頃からきちんと実践している人は、成功を手にしていると僕は思う。

では逆に、読解力のないビジネスマンはどうなっているか。
最近、世間を騒がせた某企業などは、消費者の気持ちを読み取っていこうという姿勢を忘れてしまった。その結果、賞味期限切れの材料を使うなんてことを、平気でやってしまった。企業の原点を見失い、最低限のルールとしてやってはいけない一線を超えてしまったのだ。

余談になるけれど、〝読解力のなさ〟が露呈した結果、不正が発覚してしまった、という企業のニュースをよく見るが、そういう企業のトップクラスの人たちは、いい女がそばにいないんじゃないかという気がする。厳しい言い方をすると、人の心を読む力（＝読解力）がない人のところに、本当にいい女が寄ってくるわけがない。

僕の知る限り、素晴らしい仕事をしている男性には、その人と同レベルか、それ以上のいい女が必ずそばについているものだ。そういう女性は、男性に対してもひるむことなく、時に厳しく、時に鋭く、時に優しく、いいアドバイスができるものだ。

いい女というのは、男性が満たしてくれるからこそ、その男のそばについている。そういう男性っていうのは、どうやって女性を満たしているのだろうか。

その基本には「心の読解力」があると考えている。そして、この「心の読解力」こそが、質の高いセックスに直結しているんだってことを、僕は伝えたいのだ。

まずは正しいクンニから。股間から顔まで、直線ラインの情報を見逃すな

さて、「読解力」に加えてもうひとつ、現代社会のオスに欠けていて、セックスに大事な要素がある。それは、相手の変化に気づこうとする「観察力」だ。

観察力のないオスは、原始時代で考えれば、恐らく、どうやれば獲物を捕らえること

ができるかがわからないから、狩りは下手だろう。家族をちゃんと食わせることができない、ダメなオスということになる。この構図は、現代社会のビジネスでもそのまま当てはまることだ。

では、具体的にセックスの場面で「観察力」がない、というのはどういうことになるか。

例えば、クンニをしているとき、あなたは相手の女性のどこを見ているだろうか？もし、目をつぶって舌先に神経を集中していたり、クリトリスやヴァギナのあたりだけを見ているとしたら、あなたは「観察力ナシ」のオスである。

相手の女性が、あなたのクンニをどう感じているのか、ゆっくり考えてみて欲しい。もしかしたら、感じているフリをして喘いでいるだけで、本当はたいして気持ちよくないかもしれない。それどころか、実はイヤだと思いながら、仕方なく我慢してることだって考えられるのだ。もちろん、ものすごく気持ちがよくて、感じまくっているかもしれない。――相手の女性がどう感じているかは、目をつぶっていたり、目の前の性器だけを見ているだけでは、わかりようがない。

僕は、取材などで、女優さんの股間について「どうだった？」みたいなことを聞かれることがあるんだけど、ほとんど見ていないから、答えられない。僕は、セックスの間、女性の股間よりも見ているものがあるから！


さて、一体クンニのときに、男はどうするべきなのか。

まず、クンニをしながら、顔をちょっと上げて、女性の顔を見る。そして、自分の目と女性の顔を結ぶ直線ラインに視点を移してみるのだ。たったそうするだけでも、そのライン上に無数の情報源があることに気づくはずだ。

自分の目と女性の顔を結ぶラインの間には、胸やお腹《なか》がある。まずは、この胸とお腹の動きを観察することで、女性がどんなふうに変化しているかがわかる。本当に気持ちがよければ、お腹がひくひくと動いてくる。胸で浅く呼吸をしていたのが、だんだん深くなり、腹式の深い呼吸へと変わってくるのだ。

首筋もものすごい情報源だ。感じ始めると、次第に力が入って筋張ってくる。

そして、もちろん、表情も顔色も変わってくる。

人間の体は、頭のてっぺんからつま先まで、不必要なものはひとつもないのだ。つまり、すべてのパーツに、必要な情報がつまっているということ。指の動きひとつ、顔色ひとつ、言葉ひとつ、どれをとっても、すべて貴重な情報だということを、あらためて覚えておいて欲しい。

読解力と観察力。セックスのエリートは、ビジネスのエリート

ところが、ここで注意して欲しいことがある。僕がこういうことを言うと、今度は観察することにばかり徹してしまい、舌先の動きがおろそかになってしまう人が多いのだ。つい舌先に力が入ってしまい、クリトリスの一点ばかりを攻めるような行為をしてしまったら、女性は気持ちいいどころか、痛がる人のほうが多いくらいだということを覚えておこう。観察ばかりに気をとられて、気持ちを読み取ることを忘れてしまっては、元も子もない。

常に「読解力」と「観察力」はワンセットということを忘れないで欲しい。

つまり、セックスでのエリートは、「読解力」と「観察力」を兼ね備えている男だ。

これは、面白いことに、ビジネスがデキる男の条件と同じものを持っているということになる。

様々なテクニックをインプットして駆使しようとする男性ではなく、逆に人間的な感性を重視できる、柔軟な男性こそが、エリートなんじゃないだろうか。

セックスのエリートになるためには、今までのあなたのセックスをゼロにリセットして少し視点を変えることだ。そんな小さなスタートさえ切れれば、女性を心底とろけさせて満足させ、自分自身も本当のセックスの喜びを理解できるようになる。それも、遠い将来ではないはずだ。

第一章 己のセックスレベルを認識せよ

テクニシャンを自負する男ほど下手、という真実

上質なセックスをするには、最低限、今の自分のセックスレベルをきちんと把握しておくことが大切だ。ちょっと厳しいことを言わせてもらうと、「俺は上手いから大丈夫」「どんな女も必ずイカせてる」「大きくて長いのが自慢だ」なんて思っている男ほど、実はヘタクソが多い。

そういう傲慢さは、相手をしっかり見ていないことを証明しているようなものだ。セックスなんて、十人十色。すべての女性が、感じ方も性感帯も違う。女性が優しさで「感じているフリ」をしているかもしれないことに気づかず、ひとり悦に入っている男って、結構多いのである。あなたもそのひとりかもしれない、ということをまず考えてみて欲しい。

相手の女性の表情、個性、変化……、すべてをしっかり観察できていない男に、女性を「イカせる」ことなんて、まず無理だ。

もし、こういう男が、相手の女性に対して「オレってセックスが上手いだろう」なん

て直接言ってるとしたら、これはちょっとした悲劇だ。女性は、たとえ快感を得ていなくても「そうね、上手いわね」としか答えられないし、その嘘の優しさで、男はますます間違った自信を持つ。男のほうで勝手に思い描いている「セックスの上手い男」を、彼女に押し付けているだけなのに、だ。

これもまた、ビジネスに置き換えても同じことが言える。

あなたの周りにもいないだろうか。「俺は仕事ができる」「得意先は俺の言いなりだ」「すごい人脈を持っている」なんて自信過剰なことを言っているが、実際には、本人が思っているほど優秀なビジネスマンではない……というタイプの男が。まったくセックスと同じではないだろうか。仕事相手の個性を十把《じっぱ》ひとからげにして、相手の気持ちを丁寧に拾うことをせず、「できるサラリーマン像」を相手に無理やり押し付けているわけだから。

いちばんやっかいなのは、そういう男に限ってプライドが高いということ。相手の女性も彼のプライドを傷つけるのが怖くて、「気持ちよくない」「それはやらないで」とは言えないのだ。我慢して感じているフリをしたりしてしまう。先ほども言ったが、これは完全に女性の優しさ、気遣いからきている。こういう女性の優しさに気づかずに、「気持ちいい」という〝言葉だけ〟を鵜呑《うの》みにする男が、最もやっかいであり、最も「セックスが上達しない」と言っていいだろう。

だからこそ、願わくば、女性たちにも自覚して欲しい。気持ちよくないのに、声を出して演技するような行為をすることこそ、実は、ダメ男を増やしている要因になっているということを。僕は、女性たちに「もう、そういう演技はやめようよ」と、声を大にして言いたいのだ。

多くの女性が「本当のセックスの気持ちよさを知らない」「本当にイッたことがない」と言っている。だが、そういうセックスしかできない男性をつくってしまっているのは、女性たち自身にも責任の一端があるのだ。

AV女優さんでもそうだけれど、「感じなきゃ」「イカなくちゃ」と思い込んでいる女性は、世の中にものすごくたくさんいる。

実は、そういう女性って、僕から見ると、根が真面目なファザコンであることが多い。父親に対して、なんとか気に入られようとか、いい子にしなきゃいけないと意識して育ってきた女の子たちは思っている以上に多くて、本人が気づいていないケースもたくさんある。

もし、あなたの好きな女性の背景に、そういった家庭環境があるとわかれば、男性に気に入られようとして、感じている演技をしてしまう、というのが理解できるだろう。だが、そういう女性にとって、そこから抜け出したり、自分を変えたりすることは、なかなか難しいこと。だからこそ、男が女性をフォローしてあげなくちゃいけないのだ。

そんな女性に対して、男がまず最初にすべきことは、自分の思い込みや過信を捨てること。そして、相手の女性への思いやりを持ちながら、〝本当に〟感じているのかどうかをしっかり見極めてあげることなのだ。

女性が本当に感じているかどうかの見分け方

では、一体、女性が、演技で「感じる」とか「イク」と言っているのか、本当に気持ちよくてイキそうなのかを、どうやって見極めたらいいのだろうか。

これを見極めるには、自分の読解力と観察力を働かせてみるしかない。

具体的には、女性の呼吸の深さや体温の上昇、そして両手がどの位置にあるかでもわかる。

前章でも説明したが、女性の呼吸が、肺の呼吸から腹式の深い呼吸になってきたら、本当に感じてきた証拠。また、本当に感じ始めると、本人がたいして動いていなくても、体温が上がったり汗ばんできたりする。

そして、とてもわかりやすいので、ぜひ注目して欲しいのが、手の位置だ。

お互いが向かい合った体位のときに、女性がセックスで激しく感じて、シーツや枕をぎゅっとつかむ、というシーンをAVなどでもよく見かけるだろう。実生活であなたがセックスをしている女性も、同じような手の行動をとることがあるのではないだろうか。実は、なんとこれは「本当は感じていない」というサイン！

もし、あなたに愛情を感じている女性が、心底気持ちよくなれば、男性と一体になろうとする無意識が働いて、枕やシーツのほうへ両手が泳いでいったり、バンザイをしたりせず、自然と、あなたの腕や背中など体のどこかをしっかりとつかんだり、引き寄せたり、まさぐってくるはずなのだ。

また、目をつむったまま、視線を合わせずに行為をすることも、僕はまだまだ未熟なセックスだと思っている。恥ずかしくて目を閉じる女性は多いかもしれないし、男性でも、視線をはずしてしまう人は多いようだ。だが、目は多くを語るもの。

実際に、僕は、「イッたことがない」という女性を、特別激しいこともせずに目を見つめ続けただけで、思いきりイカせた、という経験もしている。何度もだ。彼女の経験の中で、それまでのセックスとどこが違うのかといえば、「目を見つめ続けた」ということくらい。基本的に、僕の経験上、目を見てセックスするほうが、確実に女性は、感じる。

融合する行為のはずなのに、もし、〝目〟も〝手〟も離れてしまっているとしたら、本来セックスに求めているものが得られないのだから、快感だって半減してしまう……というのが、僕の考えだ。

僕が今まで経験してきた女優さんの中でも、本当に素晴らしい女優さんというのは、気持ちよくなると、僕の目をしっかりと見つめながら、手が腰に回って、「来て」という体勢になる。別に言葉でそう言ってるわけじゃない。けれど、そういう心の声が、一挙手一投足のあらゆるところから伝わってくるのだ。

それで、じっと見つめられて、ぐっと腰を引き寄せられたら、もうあとは女優さんのペース。なかには、挿入してからこちらが腰を動かせなくなるくらい、しっかりつかんでくる女優さんもいる。それはおそらく、感覚的に「もう動かさなくてもいい」というくらい、気持ちがいい状態なんだと思う（ちなみに、挿入後、ヘタにガンガン腰を動かすより、動かさない時間や、動かしたとしてもゆったりとした動きにする時間を長く継続したほうが、その後に訪れる快感が大きい、というルールは本当である。詳しくは第五章で）。

そういう状態になったとき、僕自身、相手の目を見ることを心がけているのに、一瞬それを忘れていたことにハッと気づかされるほど、女優さんから真剣なまなざしで見つめられることがある。

後から本人に聞いてみると、そんなときというのは、ペニスだけでなく男の体のすべてを自分の中に受け入れている感覚になるのだそうだ。

といっても、そんな感性を持った女優さんには、数年に一人くらいの割合でしか出会うことはない。しかし、その女優さんは、必ずといっていいほど、トップ女優に成長する。

だからこそ、行為中に、女性が「ちゃんと男性の目を見る」「手は男の腰を引き寄せる」という2つは、僕の中の判断基準としては、いい女の条件になると思っている。

誰でもセックスでは1＋1＝1（＝ひとつに融合する）という感覚になりたいという願望があるだろう。でも、やはり1＋1＝2だな（＝別々の個体なんだな）、と思う現実が多い。

それが、いい女に遭遇すると、〝極めて自然にひとつになれる〟感覚を味わうことができるのだ。「数多く腰を動かすことがよかれ」と信じている男の思い込みを忘れさせてくれる。

両手はシーツの上でバンザイしながら、目をつぶって「ああ〜ん」と、喘いでみせる女性は、感じたフリをしているだけで、実はあなたのセックスを気持ちよくないと思っている可能性は大きい。そんな女性を見て、「俺はセックスが上手い」と自信過剰にならないよう、気をつけて欲しい。

「女性は、大きくて長いのが好き」の嘘

ペニスが大きいからと、セックスに自信を持っている男性に聞きたい。

大きいことをセックスのときに誇らしげにしてはいないだろうか？「大きいのが欲しい」「長くてすごい」というセリフが殺し文句的に使われているAVの弊害もあるのだろうが、大きいペニスを持っているからって、それを信じて、女性の奥まで挿入して、子宮口を突くようなことをしてはいないだろうか？

「大きいのがいい、長いのがいい」というのは、明らかに男側の発想だ。実は、男が誇りに思うほど、女性はそこまでいいことだとは思っていない。中には、本当の快感を知りたいあまりに、「大きくて長ければイケるんじゃないか」と思い込んでいる女性はいるかもしれないが。

大きくて立派なペニスを持っていて、自信満々で「やってやる」という態度の男と、たとえペニスのサイズが小さくても、優しく愛情を持って丁寧なセックスをしてくれる男。女性がどちらを選ぶかと言えば、間違いなく後者だ。

再び、ビジネスシーンに置き換えてみよう。

「大手企業に勤めている」「肩書きが立派だ」「経歴がすごい」。……これらは、男が自分を測る物差しとして自慢したくなることなのだろうが、どれも本人の人間性を表すものではない。こんな言葉を多言する人が、実社会で評価されているかというと、答えはNOだろう。女性からも間違いなくモテない。「ペニスが大きい」と自慢するのも、これと同じことなのだ。

ペニス自慢なんか振りかざされたら、女性は心の中でイヤだと思っていても「さすがね」「すごいわね」と、褒めるしかないわけだ。

よく覚えておいて欲しい。大きい、もしくは長いペニスの男性ほど、実は、挿入してから相手の女性にうんとやさしく配慮してあげなくてはいけない。

もしあなたが、深く挿入して、子宮口を突くようなピストン運動をしていたとしたら、それは多くの女性にとって、苦痛でしかない。「やってるうちに気持ちよくなる」なんてのは、男の幻想だ。

まだ摩擦の痛みであれば、ローション等を使うことで軽くすることができるけれど、奥まで突く痛みは、女性にとって別物。絶対にやってはいけない。

もし、女性が「奥まで来て」と言っても、彼女が感じている「奥」というのは、Gスポットのこと。Gスポットというのは、入り口から約5センチあたりの上部（腹部側）の少し膨らんでいる部分にあたるので、子宮よりずっと手前ということになる。

大きかったり長すぎるペニスの場合は、横から挿入してみたり、女性の両足を閉じた状態にしてあげて、ピストン運動で奥まで突かないように気をつけ、女性の気持ちよさを優先してあげること。あらぬ過信から、自分の優越感や満足感を満たすことに走っていた人は、今一度反省してもらいたいと思う。

セックスには哲学も計算もいらない

「鷹さんの哲学は何か」と、よく聞かれるのだが、僕がやってきたことには、計算もなければ、哲学があるわけでもない。人間って、哲学を持った瞬間に成長がストップしてしまうし、哲学を持って語り出したら、それはもう〝自信〟を超えて〝過信〟になってしまうものだ、と僕は考えているからだ。

プロ野球でも、長嶋茂雄のようなスーパープレイヤーは、「計算して打ったヒットは一本もない」と言う。彼が「どうやって打つのか」と聞かれて「来た球を打っている」と答えた言葉が名言になっているけれど、僕はその感覚がすごくよくわかる。彼の言葉が意味していることは、すなわち、「自分が積んできた経験値からの直感を信じて委ねる」ということだ。

最初にストレートが来たから、次はカーブだなどと、計算しながら打つ人は、スーパースターにはなれないんだと思う。

極端な話をしてしまったが、スーパースターになる才能に恵まれていない多くの人も安心して大丈夫。弱い人間であったり、コンプレックスを持っている人間であっても、それを解消しようと、様々なことを吸収しながら努力を重ねていけば、たとえスーパープレイヤーにはなれなくても、強い人間になっていくものだ。少々のダメージを受けても負けない力が身につき、人間的な幅も広がり、弱い者の気持ちもわかるようになる。努力してそういう能力を身につけた男性が自信を持つのはいいことだ。

ところが、地位とか、名誉とか、性器とか、最初から「自分はいいものを持っている」と思っている人間は、そのことが過信となって何も受け付けなくなるので、成長もできなければ、打たれ弱かったりもする。プライドが邪魔をして、なかなか「その点で、相手が評価していない」ということを自分では認められないし、認める勇気も出ないだろう。

そんな外的要因がなければ成り立たないようなプライドは捨て去って、裸の女性と同じ戦場に立とう。そうしなければ、決して〝いいセックス〟はできない。同じ戦場に立つには、まず、男がすべてのエゴを捨てること。と同時に、自らいろんな種を蒔《ま》くことだ。相手の女性に「どれでも好きなものを取って」と、選んでもらうしか方法はないのだ。

質問はするな、女性に選択肢を与えよ

「種を蒔く」と抽象的な言い方をしたけれど、これはつまり、言葉でも行為でも、いろんな角度や部分から投げかけてみるということ。

優しい言葉をかけてみたり、高圧的な言葉を言ってみたり、いじわるをしてみたり。愛撫も、性器や胸ばかりじゃなくて、指の先や、背中や、いろんな部分を試してみる。そうやって種をたっぷり蒔いていけば、きっとどこかに反応する。そこに、彼女が「育てて欲しい」芽があるわけだ。

10の種を蒔けば、相手の女性も好きなものを選んでくる。もし何も選んでくれなかったら（反応がなかったら）、さらに50の種を蒔いて、それでもダメなら100を蒔く。まさかそこまで、と思うかもしれないが、僕がやってきたのは、そうやって、ただひたすらたくさんの種を蒔きながら、相手から選んでもらうようにすること。その繰り返しだった。

もちろん、男優になりたての頃は、蒔く種が少なくて、ひたすら、ああでもないか、こうでもないか、と試行錯誤を繰り返した。そうやっていくうちに、次第に蒔く種が増

えていくことが、自分の成長の証でもあった。

でも、多くの男性の場合、ひとつかふたつ蒔いただけで、「これ、気持ちいい?」「これ、感じる?」って質問を始めてしまう。その時点で、男には、言葉で確認を取って手法を決めようという計算が働いているし、相手の女性も「いいって言わなくちゃ」という計算が入ってしまう。

セックスにおいて、「誘導」はよくても「質問」はタブー。言葉で質問をしてしまうから、感性で応えられない状況をつくりだしてしまっているのだということを、頭にしっかり置いて欲しい。

僕は女性に対して、男というのはあくまで先導役で、旅行会社の旗持ちと同じだと思ってる。「こちらにはこんな名所があります。あちらもよろしいと思います」と、女性に選ばせながら、どんどんいい場所に連れて行ってあげる役目だ。ひたすらその役目に徹する。

どんなことがあっても、セックスの主役は女性なのだ。

7割の女性はイッた経験がまったくない

そもそも、すべての人が、「イク」ということにこだわりすぎているという気がする。「女をイカせて男もイク」という、それがセックスのすべてだと思い込んでいる。だからなのか、ほとんどの女性が「イク」ことにこだわりが強く、「イカなくちゃ」と自分自身を縛り付けているケースがかなり多い。

「男だから絶対にこうしなきゃ」とか、「女をイカせなくちゃ」という発想は、相手を歓ばせることでもなんでもなく、すべて俗説や既存の情報による刷り込みだし、単なる男のエゴ。ダメ男の象徴でしかない。僕はそう思う。

終わってすぐ、男が女性に「イッた？」という質問をする。それに対し、女性は「イッたって言わなくちゃ」とプレッシャーを感じる。そのプレッシャーをお互いが感じながらセックスするなんて、おかしいとは思わないか？

僕が今まで女性に聞いた感触では、「イッたことがない」と言う女性が7割、自分で「イッたと思っている」女性が3割。その3割の中でも、イッたと思い込んでいるケースが9割で、残りの1割だけが、本当にイッたことのある女性だと思っている。

僕自身、20年間、6000人とセックスした中で、女性と一緒にイッたと感じられたのは、たぶん全体の1パーセントくらいじゃないかと思う。これを逆に言うと、女性が本当のオーガズムを感じて「イク」ということは、そんな生易《なまやさ》しい簡単なものではない、ということなのだ。

僕は、「女性をイカせられる」なんてことは、一度も思ったことがない。「女性を簡単にイカせることなんてできないんだ」ってことがわかると、とても気が楽になる。

もちろん、お互いが「イク」という感覚を感じ取ることができれば、最高だ。

ちなみに、お互いが「一緒にイク」ときというのは、疲労感はゼロで、男はまるで子宮の中にいるような幸福感に包まれている感覚になれる。そんな究極の感覚は、「イカせなきゃ」「イカなきゃ」というエゴの塊同士のセックスでは、絶対に得られないものだと思う。

クリトリスでイカせる、は論外

それでも「俺は絶対にイカせてる」と言い張る人がいるだろう。そういう人は、もしかしたら、クリトリスでイカせてるだけで、「俺は女をイカせてる」と思ってるのではないだろうか？

クリトリスは男性のペニスと同じで、クリトリスをいじったり舐《な》めることで得る快感は、単なる興奮、つまり「エクスタシー」だけ。ペニスをこすって物理的に射精させることと同じだ。女性にとってクリトリスの「エクスタシー」は、尿をしたあとのすっきり感程度と言ってもいいかもしれない。

女性のさらなる快感、本当の快感である「オーガズム」は、ヴァギナへの挿入で感じる、もっともっと奥深いものだ。

だから、「クリトリスでイクタイプ」とか「挿入でイクタイプ」とか、そういう分類もあり得ない。だって、まったく違うものだから。

もともと、男も女も生命体としてのルーツを見るとすべて女だったわけで、そこから染色体がXとYに分かれた場合に、「男」へと進化していっただけの話。

簡単に言うと、クリトリスが進化したものがペニスで、ビラビラが進化して伸びたのが睾丸。だから睾丸の真ん中に筋が入っているのだ。

でも、男に唯一ないのが子宮。

だからこそ、女性の子宮は最も聖なる価値あるもので、つまり、子宮が感じてくれなければ意味がない。

僕に言わせれば、クリトリスで女性をイカせた気になっているとしたら、それはまるで論外なのだ。

ましてや、最初にキス、そのあと乳首、次にクリトリス、挿入……と、毎回お決まりのコースになっているようだったら、なおさら改めよう。そんなお決まりのワンパターンコースを女性が歓ぶとは、僕にはとても思えない。

日本人のセックスレベルは世界最低

ここでひとつ、日本人のセックスレベルがわかる、世界のセックスに関する調査を見てみよう。残念ながら、現在の日本のセックス事情は、とてもお粗末だ。

先進国のほとんどが、年間セックス数100回以上、世界平均だと103回なのに対し、日本はなんと〝最下位〟の46回（デュレックス社調査“Global Sex Survey 2004 results”による）。

こういったデータにとらわれ、単に「回数を増やせばいいのか」と、勘違いして欲しくないのだけれど、「セックスの苦手な日本人像」や「セックスレスの増加」が浮き彫りになっているこの結果は、深刻かもしれない。「鷹さん、なんとかなりませんか」という悲痛な声が、僕の耳に聞こえてくるような気さえする。

さらに、僕がいろんな人たちからセックスの相談を受けてきた感触でいくと、46回という数字も、相当見栄を張った回答なんじゃないか、という気がしてしまう。46回ということは、だいたい8日に1度。ほぼ1週間に1度くらいという計算だ。でも、実際のところの日本人夫婦（カップル）の夜の営みは、せいぜい1カ月から2カ月に1回あればいいほうではないだろうか。

70代であれば仕方ないが、40代前半くらいの僕の同級生たちに聞いても、ほとんどセックスをしていない夫婦が多い。働き盛りなのに、だ。僕の感覚では「年10回」が日本人夫婦の平均と見ている。そう考えると、日本人の年間セックス回数は、どうがんばっても46回に届かないと思うわけだ。

一方で日本人男性の仕事時間は非常に長く、アンバランスだ。働き盛りの男性ならば、仕事でも仕事以外でも働き盛りなのが本来の健全な姿。会社のためには仕事の質を上げようと努力できるのに、愛するパートナーのための努力はしなくていいという理屈は通らないだろう。

もちろん、ただセックスの回数が多ければそれでいいというわけじゃない。毎日残業してうだつが上がらないより、短い時間で効率よく仕事をこなすビジネスマンのほうが優秀だと評価されるのと同様、お互いが満たされる〝質〟のよいセックスであれば、平均回数より少なかろうが、気にしなくたってかまわないと思う。

ところが、女性がセックスに満足しているかという調査を雑誌等で見ると、決まって男性より女性のほうが満足している割合が少ない。

セックスの時は感じてるフリをしていても、こういうアンケートを取ると本音が出てくるもの。実際、僕のもとにも「セックスがよくない、感じない」と言う女性の相談はたくさんある。多くの日本女性は、男性が思っているほど、セックスをいいとは思っていないし、満足していないのだ。

「セックスの平均回数が世界一（しかも極端に）低い」「女性が満足していない」ということは、結論として「日本の男が悪い、下手だ」ということになっても、反論はできないんじゃないだろうか。

僕は6000人の女性たちを相手に、20年かけてセックスという迷路をたどってきた。まだ迷路の途中にいると思っているが、かなり奥の奥までたどり着いたと感じる。この地点まで来たことで見えてきた僕の真実を知ってもらうには、スタート地点から順番にたどってもらわなければ、わかってもらえないだろう。そんなふうに思ったことで、2000年以降、僕は自分の本を書くようになった。

この本を通して、陳腐ではない、本物のセックスを楽しむことができるエリートが、もっと日本人男性に増えて欲しい。

〝よきセックス〟を楽しむことができるエリートへの道筋は、押し付けられた固定観念や持論からスタートするよりも、実際にたどってきた人間の言うことを吸収してからのほうが、絶対に進みやすいと思う。

こうして、〝よきセックス〟を楽しむ男女が日本にもっと増えれば、もっと男女間の犯罪だって少なくなるはずだし、心が豊かな国になるはずだ。それが僕の願いである。

第二章　AVを観るな。セックスにマニュアルはない

女性は本当にレイプ願望があるのか

僕がＡＶ男優だからこそ言わせてもらうけれど、ＡＶをセックスの教材と思われては困る。ＡＶは、現実でのセックスのやり方を教えるものではなくて、あくまで大人の娯楽。男の妄想。そこをしっかりと認識して欲しい。

だから、ＡＶで観たものと同じプレイをすれば、女性が歓ぶだろうとか、感じるだろうなんて短絡的に考えて、そのまま実践しないこと。ＡＶというのは、そもそも、男のために、男の都合で作られている。だいたいが、挿入前は簡単に描かれていて、ほとんどが挿入後のシーンになっている。

だが、現実のセックスはあくまで女性主導。女性がまず〝その気〟になって、そこから少しずつ気持ちよくなって興奮していく……というペースに合わせて、ゆっくり、少しずつ階段を昇っていかなければ、女性は受け入れる準備ができない。

だから、急カーブで興奮する男の都合でつくられたＡＶの真似を、現実のセックスでしても、嫌われるだけ。それは、ソフトを観る判断力が、ハード側（＝セックスをする男の体）にない、ということになる。

女性は生理的に、男性の急カーブに合わせることができない。男性が女性に合わせてあげるしか方法はないんだってことを、よく理解して欲しい。

特にありがちなのは、ＡＶを真に受けて、「女性はレイプされたい願望がある」とか、「いつでもやりたいと思っている」なんていう思い込みで、これはとんでもない大間違いだ。女性は一度でも本当にレイプのようなセックスをされたら、ひどく傷つくし、それがトラウマになって、いつまでも引きずってしまうことがある。乱暴なセックスの強要はいけない。

本番前の準備をチェックせよ

だから、初めての相手とセックスに入る前の準備は特に大切だ。

たとえ撮影でも、初めての女優さんと、僕は黙って本番に入るようなことはしない。いつも、撮影前には「よろしくー、加藤鷹です」って、こちらから明るく挨拶をして、会話を弾ませながら、相手の心をほぐして、不安を与えないようにしているし、さりげない会話からも、その子のことを知るキーワードを見つけるようにしている。

ちなみに、相手の反応ひとつで、いろんなことがわかるものだ。例えば、こちらからの挨拶に対して、きちんと返してくれる子と、うまく返せない子がいる。ほとんど無視、という子もいる。

きちんと挨拶を返せる子は、自分の言葉でイエスかノーかを言える子だから大丈夫だが、挨拶を返せない子は、自分の意志を伝えるのが苦手な子。言葉ではない部分の反応をよく観察しながら、うんと気をつけなきゃいけない。

もちろん、男の清潔感も非常に重要だ。肌と肌を合わせるのだから、少しでも不潔な印象を持たれてはいけない。特に口と手は、女性のチェックが入るところ。口臭がしたり、爪が伸びていては、「あんな口でキスされるなんて」「あんな爪であそこを触られるなんて」と、セックスに入る前から引かれてしまう。

僕は20年来、女性の性器を絶対に傷つけないようにと、毎日のように爪を切りすぎて、缶コーヒーのプルトップも開けられないほどの深爪になっている。指先は指紋がなくなるほどつるつるで、日常生活では不便なことも多々あるくらいだ。

セックスはヒューマンドキュメントである

最近のAVと比較すると、確かに、一昔前までは、教材になるような内容の作品もあった。僕は、いろんなAVを100本観るよりも、いい作品さえあれば、その1本だけを100回観たほうがいいと、思っている。

僕にとって「セックスは、ヒューマンドキュメントである」という大前提がある。AVの本来の面白さは、そのヒューマンドキュメントの面白さだと思っている。でも、最近では、そういう作品に出合えることはほとんどない。時代の流れもあって、近頃はモザイクが少なかったり、〝洋ピン（洋もののピンク映画）〟のように、出し入れしているアップのシーンばかり目立つ作品が主流になってしまった。ヒューマンストーリーとしてのAVを観る機会のない最近の若者が、ある意味ではかわいそうだとも思っている。

今まで出演した中で、僕の転機となるような、価値観を大きく変えてもらった作品がいくつかある。

ひとつは、『密教昇天の極意』という作品。これは、「男が〝オーガズム〟を感じられるか」というテーマで取り組んだ。

もう、17～18年くらい前になるだろうか。代々木忠監督から、お正月早々、電話で呼び出されて、「鷹ちゃん、男は女と同じようにイケると思う？」って聞かれた。「射精のことじゃないですよね？」と尋ねると、「そう、〝男のオーガズム〟のこと。3日間、考えてきてくれる？」って言われたのが、始まりだった。

代々木監督が言うには、監督が疲れきって、ごく普通のマッサージ師を呼んだときに不思議な体験をしたというのだ。施術してもらいながら「気分がリラックスしてきたな」と感じた頃、なぜか突然、勃起してしまったらしい。それがものすごく快感だったとか。

当時の監督はもう若くない年配のオジさんだったし、エッチな妄想をしたわけでもなかったから、本人も驚いて、「もしかしたら、性的快感は、実はセックスとは関係ないところにあるんじゃないか」とひらめき、作品のテーマに決めたというわけだ。

射精の快感をはるかに超える〝男のオーガズム〟

そんな監督から宿題をもらい、僕なりに考えてみて、3日後、出演する男優さんや女優さんたちとで集まって、さんざん討論をした。

女優さんたちが、「男はああしなきゃ、こうしなきゃって考えすぎるんじゃないか」って言うから、「男には、ちゃんと気持ちよくしてあげなきゃダメだという義務感がある」と答えると、「それは違う。思い込みだと思う」って、両者にすれ違いが出てきた。それで、「義務感はすべて男のエゴだ」ってことになった。

監督からのテーマに応えるために、あれこれ〝手法〟を考えてはいたのだけれど、そんな小手先でどうなるものじゃないということがわかった。男は余計な発想や義務感ばかりでセックスをしていて、だから、小さい快感だけで終わってしまっているんだという現実に気づかされたのだ。

女性のセックスには射精がないから、基本的に終わりという概念がない。だから、何度でもイケる。じゃあ、一体、男のセックスはどこで終わるのか。ほとんどすべての人が「射精したら終わる」と言うだろう。

この、男は射精したら終わり、という固定観念のせいで、男の快感は、女性よりはるかに小さいものになってしまっているんじゃないか、という革命的な結論になった。

そして、話は「射精した後もやり続けるにはどうしたらいいか」という方向になった。その結果、「男が何かをしなければ」という既成概念を全部捨て、女性がしてくれることすべてに対して「ありがたくて嬉しいことだ」という１００パーセント感謝の気持ちで受け入れてみてはどうだろう、ということに落ち着いた。つまり、男が身も心もマグロになりきる、という実験だ。

その実験に、僕は、もしかしたら壊れた自分をさらけ出してしまうかもしれない、という恐怖を感じながらも、気持ちを真っ白にして挑んだ。

で、どうなったかと言うと、「いいんだよ、気持ちよくなって」という女優さんの言葉に身を任せ、これまで味わったことのない最高の快感を得た。幸福感と快感の中で失神し、まるで赤ん坊のようになった。それも射精しなかったのに！

僕はこの「女性体験」を通して、初めて自分を解放するということができた。まるで母親に抱かれる赤ん坊の感覚を味わって、今までの自分の、セックスに対する経験値や自信なんか意味がないと感じた。

母なる女性の偉大さを身をもって知ったし、理性だのプライドだのをすべて捨ててしまえば、男も女もみんな同じ状態になるってことを知った、貴重な体験だった。

エゴを放棄して子宮の底から感じさせよ

このとき、僕の恍惚《こうこつ》状態を見た人たちは、「女がイッてないよ」とか、「射精していないじゃん」なんて誰も言わなかった。それどころか、撮影後には、女優さんが「素晴らしい！　男だけじゃなくて、女もイカないとならない、というのはエゴだったのね」って言った。

そして、彼女はすごく印象的な言葉を残してくれた。「男と女は水と油だと思っていたけど、結局はどちらも水。水と水は一緒にしても水にしかならない。ひとつのコップに入れてしまえば、どれが男か女かわからなくなる」と。

極めつけに、「男がここまでなれる姿を見られたなんて、これ以上幸せな女はいない」

とも言っていた。事実、この作品の最後は、彼女が「女に生まれてきてよかった」と笑った瞬間で終わっている。

もちろん、このセリフは台本にない。これは「子宮が言わせているセリフ」なのだと僕は思った。自分が快感を得ることがすべてじゃない、という母性から出た言葉だ。

すべての女性は母なる子宮を持ち、しょせん男はどうあがいても、女の腕の中。このことが一度実感できると、どこを攻めようかとか、挿入してからどうこすろうかとか、そんなことはどれも、いかにちっぽけなことかがわかる。

ただ、この作品はメッセージ性が強烈だったので、当時はまだ理解されなかった。時代がついてきていなかったのだと思う。「今、あればいいのにな」と、残念な気がしている。

最近の女優さんは、抗うつ剤を飲んでいる子がとても多い。抗うつ剤を飲用すると、ホルモンバランスが崩れて、妊娠していないのに母乳が出てくるので、撮影中に母乳が出た瞬間、「あ、この子はうつなんだな」とわかってしまう。特に、撮影前になると、症状が出ないようにと、怖くなって余計に飲んでしまうのだろう。

そういう女優さんたちを撮影するにあたっては、「大丈夫なんだ」と安心させる領域までたどり着かせるメカニズムを知らないと、導くことはできない。これはとても大変な作業になる。紙に地図を描いてそこまで行かせるのとはわけが違う。そんな女優さんたちを見るにつけ、僕が体験したように、自らを〝究極に解放させる〟ことが、みんなにもできたならどんなにいいだろうか、と思ってしまう。

生身の女性がセックスで大きく変化するギャップこそ、美しい

僕は、数々の作品を通して、「性的な歓びは、目に見えないものが見えてくることにあるのだ」と感じている。特に若い世代の男性は、ビジュアル志向というのだろうか、リアルに目に見えるビジュアルから入っていこうとして、どんなことにおいても、見えるものばかりを信じようとする。でも、何もかもすべてが、見た目どおりのものでしかない、見えているままのものだったとしたら、セックスからの発見や感動は何も生まれてこないだろう。

例えば、セックスでクライマックスを迎えると、女性の表情というのは観音様のようになることも、断末魔のようになることもあって、まさに表裏一体。

女性には乱暴な言い方になってしまうけれど、いわゆる顔立ちが整った、イイ女と言われる女性は、まず、セックスのときにそれ以上いい顔にはならない。ギャップが少ないのだ。つまり、初めて会ったときに「キレイな顔だな」と思った感動と、セックスをして「いい表情になった」ときの感動に、大きな差がないわけだ。

ところが、〝あまりお顔がよろしくない女性〟は違う。顔立ちの整った女性より、そういう女性のほうが、普段は見せないような、非常にいい表情を見せる確率が高い。僕はそのギャップの大きさが、ものすごい魅力だと思っている。

だから、本音を言えば、僕は〝あまりお顔がよろしくない女性〟にそそられる。それくらい、セックスは〝今まで目に見えなかったものが見えるようになる〟非常に貴重な場、ということなのだ。

これは、生身の女性とセックスして、目の前で表情の変化を見つめ続けなければ、実感としてわからないこと。ただＡＶばかり鑑賞していても、見えないものは見えてこないし、モザイクがどうかなんて視点だと、なおさら大切なことは何も見えてこない。

ちなみに、ギャップの魅力というのは、生身の女性を〝検索〟していってこそ、初めて見えてくるものだ。対象を知れば知るほど、そのギャップが浮き彫りになる。

僕が不思議に思うのは、誰でもパソコンでならできることを、なぜ女性にはしないのか、ってこと。誰でも、気になることがあれば、パソコンで検索をしまくって、もっと知ろうとするだろう。女性にだって同じことをすればいいのだ。検索エンジンでキーワードを打ちながら、次々と検索していくのとまったく同じ作業なのだから。

キーボードでキーワードを打ち続ける作業を、生の会話に変えるだけで、生身の女性をどんどん奥へ奥へと検索することができる。原理はまったく同じだ。

第三章　コンプレックスと先入観に惑わされるな

男も女も完璧じゃないから愛し合える

男がセックスで感じるコンプレックスと言えば、早漏・短小・包茎の3つが定番。これを必要以上に気にする男性が、いかに多いことか。

この3つすべてが当てはまるというのであればまた別だが、ひとつくらい当てはまっているのは当たり前、というくらいの気持ちでいたほうがいい。何もかも完璧にそろってる人間なんていないるわけないのだし、欠点があるからといって、女性がそのせいですべてを拒絶するなんてことにはならない。それもひとつの個性だと僕は思う。

完璧じゃない部分ばかりを気にしていたら、女性を歓ばせることも、自分が楽しむこともできない。そして、そういうタイプに限って、〝数字〟にこだわりがち。形だの、大きさだの、時間だの、回数だのって、物事すべてにおいて、枠にとらわれた見方をする。まずは、そんなくだらない数字にこだわる価値観から、変えていくべきじゃないだろうか。

「速い、小さい、かぶってる」っていうのは、僕に言わせれば、悩みというより「ただの状態」。自分がつきあっていかなきゃいけないモノは、こんな状態です、というだけのこと。その〝状態〟は変えられないものなのだから、そこにこだわって考えすぎるよりも、「じゃあ、どうすればその状態でうまくやっていけるか」ってことをポジティブに考えていったほうが絶対にいい。

「状態」なんかですべて完結しないのがセックスなのだ。

これは男に限らず、女性に対しても同じことが言える。

特に女性は、俗説にとらわれた無知な男のせいで、かわいそうなくらい、自分が「(個体として)ダメなのだ」と感じているケースが多い。「乳首がピンク色じゃなくて黒ずんでいる」とか、あそこのびらびらが大きいとか。それらはすべて「状態」であって、人それぞれが持っている、いろんな個性のうちのひとつでしかない。

それを、「ピンクじゃないといけない」とか、「さんざん経験して遊んでる」なんて言うのは、男のほうが無知なだけだ。いろんな色や形をした女性がいるというのは、最低限の知識で、それを知らずに、平気で心ない言葉を言ってしまう無知な男がいけない。

そもそも、女性の乳首や性器の色は、経験の数とはまるで関係ないのだ。

もっと許せないのは、女性に対して「締りが悪い」「ゆるい」という男の無知である。女性というのは、男性から愛情を持ってセックスしてもらうと、気持ちよくなっていき、必ずヴァギナは変化してくるものだ。なのに、女性を気持ちよくすることができないで、女性が気持ちいいと感じていないことにも気づかず、「締まらない、ゆるい」なんて言ってる男は、「俺は下手くそです」と、自ら宣言してるようなものだと自覚するべきだ。

「ゆるい」「締りが悪い」と言われて悩んでいる女性のほとんどが、実は、まるで問題のない、魅力的な状態である。女性の「状態」をよくないと感じるのであれば、責任は女性にあるのではなく、男性側にあるのだということをあらためて認識したほうがいいだろう。

「もうイッちゃったの?」と言われる前に

では、ここで、ポジティブになれるアドバイスをしよう。

例えば、ペニスのサイズが小さい男性は、どうすればいいか。

大きい人は大きい人でやり方があるし、小さい人は小さい人でやり方がある。すごく乱暴な言い方をしてしまえば、20センチの人が3回こするところを、10センチの人はもっとこすって、「進む距離」を出せばいいってことだ。実は、大きいより小さいほうが、いろんなやりようがあるのだ。

実際、密着度が非常に高くなる座位なんかの場合、大きい人だと女性が痛がってペニスを根元まで挿入できず、体を少し離しながら動かさなきゃならない。それが、小さい人になると、根元までしっかりと挿入して女性との密着度を高めることができるし、愛撫しながらさまざまなバリエーションを楽しむことだってできる。

また、体力がないとか、射精までいくのが大変な人の場合は、正常位で女性の腰の下に枕等をはさみ、女性の腰の位置を高くすることで、かなり動きやすくなるはずだ。

また、早漏で悩んでいる人の場合。そもそも「早漏」の定義は「相手より先にイッてしまうこと」だ。その〝時間〟というのは、2分でも長く感じたり、10分が短く感じたりと、相対的なもの。誰かが決める〝絶対的〟なことではない。少しでも長く持たせたいと思うなら、なるべく早く射精しないよう、自分なりに工夫をすることだ。

肝心なセックスの前に、何日も溜めすぎないようにするとか、セックスのときに部屋を暗くして、視覚的な強い刺激を避けるとか、または、挿入時に、女性の両脚を閉じてもらうのもいいと思う。女性に両脚を閉じてもらうことで、奥まで挿入できなくなるし、視覚的にもペニスへの刺激が少なくなるというわけだ。

そんなふうに、工夫できることは、いろいろとあるはずだ。

身体的な努力以外でも、「時間の長さ」は感覚的なものなのだから、エッチな楽しいおしゃべりをして時間を延ばしていくのもいいだろう。

そんな中で、僕が何より大事だと思っているのは、相手の女性に素直に言葉で伝えてしまうこと。「もうイッちゃったの?」と、女性に言われると傷ついてしまうのであれば、女性からそう言われるより先に「俺、もうイッちゃう」って言えばいい。何も言わずに射精してしまうのは、わざわざ傷つくようなことを言われる状況をつくってしまっているということなのだ。

セックスはコミュニケーションだ。本当のところ、僕はコミュニケーションというカッコをつけた言葉は好きじゃない。セックスっていうのは、生身の男と女が、感じたことをあるがままにぶつけ合うことで、そんなカタカナ言葉のイメージより、もっと泥臭いものだと思ってる。

だから、相手に特別な言葉を言おうとするのではなく、その場で感じたこと、あるがままを素直に言えばいいと思う。気持ちいいと思ったら「ああ、気持ちいい」、イッちゃいそうだと思ったら「もうダメ、イッちゃう」って。

コンプレックスが男を成長させる

僕はコンプレックスがないと思われているけど、子供の頃、ずっと背が低くて、そのことがコンプレックスだった。

今でこそ、身長180センチあるものの、小学校から中学校にかけて、背の順に並ぶと、いつも前から2番目か3番目。だから、女の子に対して自信が持てず、恥ずかしがりやで奥手だった。

背が伸びたのは、タバコを吸って、コーヒーを飲むようになってから。なぜだか、成長期に悪影響を及ぼすって言われることをやるようになったら身長が伸びた（だから僕は、大人たちがよってたかって言う「体によくない」ってことは、ほとんど信じていない）。

だけど、身長が伸びたからといって、コンプレックスを持っていた自分からは、なかなか変わることができなかった。コンプレックスってそういうものだろう。

信じてもらえないかもしれないが、いまだにずっと女性に対しては非常に臆病だし、「断られたらどうしよう」っていう恐怖がいつもある。

こういった男優の仕事をしていると、女性に対して自信を持っていて、どんな相手でも口説いたり落としたりできるように勘違いされるけど、仕事の場合は、断られないという前提があるからできるだけで、プライベートではまったく別。

ただし、こういうコンプレックスがあることを、僕は、悪いことだと思っていない。僕は、コンプレックスがあるから、女性の快感や心についていろいろ考えるようになったんだと思う。「こんなコンプレックスのある僕ができることはなんだろう?」って。

だから、ペニスにコンプレックスがあるのなら、それをカバーできることを必死に考えればいい。彼女を歓ばせる方法を、これでもか、これでもか、と考えたときに、ペニスに頼らない最高のセックスができる可能性が開けてくる。そもそも、ただの挿入では女性はイカないのだから（それについては、第五章で詳しく説明する）。

コンプレックスがあることを誇りに思え。

コンプレックスが生んだ濃厚で官能的なセックスは、きっとコンプレックスのないヤツにはできない。

ちょっと余談だが、僕はオナニーをしたことがない。できないのだ。この仕事をする前からずっとそう。しようとしても、自分の世界に入りきれずに、もう一人の自分が、後ろから「なにやってんの？」って、自分のことを笑っている気がして、どうしてもできない。ナルシストになれないんだ。

まあ、自分らしさ、ってそんなもんだろう。コンプレックスとは、気軽につきあえばいいんだ。

「オヤジ」と言われず、楽しいセックスができるようになるために

女性から「オヤジくさい」と言われてセックスができなくなるという男性もいる。

僕はオヤジと言われてもイヤじゃないし、「オヤジで何が悪い」って思う。現場では「ジジイ」って言われて大笑いしているくらいだ。ジジイ、おおいに結構。オヤジよりジジイって言われるほうが嬉しいし、それより「クソジジイ」って言われるほうがもっと嬉しい。

何かに優れていなければ、同性からも異性からも「クソジジイ」とは言われないはずだと、思っている。どこかに敬意があるから、愛情の表現として、仲間たちはあえて僕を「ジジイ」と呼んでくれるのだと。

そういう視点で考えると、「オヤジ」と言われて自信をなくしてしまう人は、仕事でもプライベートでも「オヤジ」であるデメリットをたくさん経験していて、「オレはオヤジだ」と自覚し、自らが自分自身に〝ダメ出し〟しているということになる。ところが、実は「ダメオヤジ」は今に始まった問題ではない。「年をとったから」という理由でもない。

そこには、「オヤジ」という言葉にすり替えられた「男」としての尊厳の問題が、根底にあるということに気づかなければならないだろう。

「こりゃダメだ」と思っている男に対して、それをいちいち説明するのが面倒だから、女性たちは「オヤジくさい」とか「うざいオヤジ」という言葉にして、片をつけてしまっているのだ。

だからもし、「ああ、俺はオヤジだからダメなんだ」とまともに受け止めているとしたら、それは大きな勘違い。女性が、評価していないのは、「オヤジだから」じゃなく、男としての尊厳に魅力を感じないから、なのだ。

ちょっと視点を変えてみると、女性たちが、〝おじさん〟を「オヤジ」という言葉で適当にひっくるめて呼ぶのって、AV女優さんたちが「どうしてAV女優になったか」と、理由を聞かれたときと似ていると思う。世の中の人たちは、そういう女性たちのことを「お金が欲しくてやってる」のだと思いがちだ。でも本当のところは、それぞれの女の子に十人十色の理由がある。幼児期からの家庭の問題が理由であったり、父親や母親との確執であったり、いじめなどのトラウマがあったり、と様々な理由と背景があって、ここに至っているのが事実だ。

でも、そのことをいちいち説明して理解してもらおうとすることが面倒だから、「お金が理由よ」って言えば、「ああ、お金ね、やっぱり」っていう言葉で簡単に納得してもらえる。

説明が面倒くさいから、「お金」と言っているのと同様、男としての問題をいちいち説明したくないから、「オヤジ」という言葉に集約してしまっていると考えたらわかりやすいだろう。

もし、パートナーから「オヤジくさくてイヤだ」と言われるなら、まずは自分自身の本質をよく考えてみることだ。

カッコよりお金より、女性を惹きつけるもの

では、逆に女性が「オヤジだ」と思わない男性とはどういう男性か。それは、決して見た目がカッコいいことでも、お金があることでもないと思う。

「どうせカッコよくないから」とか、「どうせお金がないから」というのは、ひがみの

発想だ。やや抽象的になってしまうが、「仕事でもプライベートでも、常に自分は、すべてをフルで100パーセントを出し切ろうとしているか?」「100パーセントに近づこうとしているか?」――そういう姿勢があるかどうかに尽きると思う。

例えば、仕事に対して100パーセントでも、セックスが50パーセントでは異性にはモテないし、セックスが100パーセントで、仕事が50パーセントになってもダメ。

エネルギーというのは、すべて循環しているのだ。

世の中は、自分から100パーセントのエネルギーを出さなければ、パワーというのはもらえないようにできている。エリートになれる男というのは、まず自らエネルギーを発し続け、発したものに対して返ってくるものをいただく、というやり方をしていると思う。

仕事はもちろん、セックスにおいても、〝先に自分から与える〟ということを惜しみなくしている男性は、「くさいオヤジ」「うざいオヤジ」などとは、絶対に言われないはずだ。

第四章　正しい知識あってこその充実したセックス

神秘のオーガズム・メカニズム

女性が受精するメカニズムを正しく知っているだろうか。過去を振り返っても、中学・高校時代の保健の教科書にそれほど詳しくは書かれていなかっただろうし、〝快感のメカニズム〟に至っては、そんなことが書かれている教科書なんて皆無だ。そういう意味で、セックスにおける女性について、知識として正しく理解している男性はほとんどいないのではないかと思う。

男は、女性の性的快感に直接的につながることに関しては、何でもすぐ知りたがるし、やってみたい、とか思うけれど、その快感の源がそもそも何なのか、ということまで考える人は少ないようだ。

女性の快感の根底には、妊娠するためのメカニズムが機能している。このことは、しっかりと認識しておくべきことである。なぜなら、この基本がわかると、「セックスを正しく知るには、まず女性の体を正しく知ることから始めなければならない」という重要な結論にたどり着くからだ。

女性の体のことを知らない男性は、思っているより大勢いる。驚くべきことに、クリトリスからおしっこが出ると思ってるヤツがいる。それも珍しいことではないのだ。もちろん、クリトリスと尿道はまったく別。まさに、そういうところから、ちゃんと把握しておかなければならない。

まず、女性にキスをして前戯が始まると、興奮して粘液が出てくる。一般的に「濡れる」という言葉で表現されるが、これも、ちゃんと受精のメカニズムで説明ができる。これはペニスを膣内に受け入れるための準備が始まるから。そして、大陰唇がやわらかく膨らんで、小陰唇が開き、受け入れ準備完了、というふうに身体が変化していくわけだ。

ただし、誤解のないように言っておきたいのだが、女性の愛液は、快感を感じたときにだけ分泌されるものではない。愛液は、一方で女性器を保護する役割もしている。だから、レイプのような恐怖体験でも分泌されるのだ。嫌がる女性に無理やり挿入して、濡れてきたから気持ちがよくなっているんだと勘違いするヤツがいるが、言語道断。深い愛情と信頼関係がある相手とのSMプレイなら別だけど、女性は乱暴に犯されるようなセックスを好むわけじゃない。

さて、挿入後、さらに興奮すると膣が締まってくるのは、射精された精子を漏らさないようにするためだ。そして、子宮の位置が奥へ移動し、次第に子宮の入り口あたりが広がって、精液を溜めやすい状態をつくりだす。

ところで、女性はなぜオーガズムを感じるのか。

それは、オーガズム期を迎えるときに、膣の奥が膨らむバルーン現象が起きて、子宮の中に精子が入りやすいベストコンディションになるから。気持ちいいとか、イクとかの問題ではなくて、オーガズムのメカニズムそのものが、受精をスムーズに行うためのものになっているのだ。

興奮が収まると、だんだんと子宮が下りて元の位置に戻ってくる。その過程で、膣の奥の膨らみもなくなるのだが、これは、中に入った精子を子宮けい管から子宮の中に送り込もうとする動き。こうした一連の変化は無意識のうちに女性の体内で起こっていることで、それくらい女性の体は、ものすごいシステムを持っているってことだ。

だからこそ、男性は自分のことや射精のことはさておき、前戯から挿入、後戯までのすべてを、その女性のメカニズムに合わせて、気持ちよくしてあげようとすればベストなのだ。

男の興奮は勃起と射精だけで終わってしまうが、女性のメカニズムにゆっくり合わせてあげれば、結果的にお互い充実したセックスになる。「生殖」のために男女が協力して努力をすることが、快感につながらないわけがないのだから。

「本当はイクのが怖い」という女性の本心。溶かすためには手を握れ

では、セックスしているときの女性の脳はどんな状態になっているか。以前、雑誌の企画で、セックス中の女性の脳波を調べたことがあったのだが、そのとき、かなりのα(アルファ)波が出ていた。

ご存知だと思うけれど、α波というのは、人が安心して、うとうとするような安静状態のときに測定される脳波。逆に、左脳が働いている覚醒状態では、β(ベータ)波が

出ている。

セックスのときは覚醒状態で興奮しているものだけど、α波が出ていたということは、同時に、気持ちよくてすごくリラックスした状態になっていたということになる。

実は、非常に多くの女性が、「イキたいけど、イッてしまったらどうしよう」という不安を持っている。「もし、本当にイッちゃったら、自分を見失うのが怖い」と思っているのだ。

本来は、愛し合う人と触れ合って、自分を見失うくらい気持ちよくなっていくのがセックスの醍醐味《だいごみ》なのに、「いつも自分のことを意識してしまって、常に確認ができていないと不安だ」という女の子が、特にここ数年増えているのを感じる。一人でいることを不安がり、セックスの間も体が少しでも離れると不安になる、という女の子が、最近本当に多い。これもひとつの「自意識過剰」というやつだ。

だからなのか、昔は失神する女優さんがたくさんいたのに、最近は失神する女優さんはいなくなってしまった。

そういった状況をふまえても、女性が安心してイケるようにするためには、まずは男性のほうから、「女性が安心してセックスできる」という状況をつくってあげることが絶対条件になる。

そのために、僕がとても大事だと思って、日頃からやっていることがある。

それは、セックスの最中、指をからませて手を握っていてあげること。

基本的に、僕は女優さんの手を握りながらセックスをする。脳波を測定したときもそうだったが、手を握っていると、確実に女性はリラックスして相手に心を開いてくる。実際に、α波の実験がそれを証明した。「手を握る」って、とてもシンプルで簡単なことなのだが、意外にそうしていない男は多いんじゃないだろうか。

僕の行為は、いつも後付けで、「医学的に効果があるから」という理由でやってきたというものではない。結果的に、そうやって証明される形になるのだけど、僕としては、ただ女性のことを考えて、感覚的にやってきたことだ。

感覚的とは言ったが、「人を安心させるためにどうしたらいいか」について、ちゃんと考えてみればわかるんじゃないだろうか。

例えば、人というものには、子供の頃からどういう習慣があって、何に対して安心感を抱いてきたかを考えてみる。一緒に歩くとき、親に手をつながれていれば安心したし、疲れて眠くなったときも、親に抱っこをされたり、おんぶされれば安心できた。

それと同じで、セックスのときも、やさしく抱いて、手を握ってあげれば、大人の女性だってリラックスできるのだ。原点はそこにあると僕は思う。

抱かれ下手な女性のトラウマを見抜け

また、体を抱いた感覚で、僕は相手の女性が、子供の頃に抱っこをされていたかどうかがよくわかる。ちゃんとお母さんに抱っこされて育った女性の場合は、こちらが抱きしめたとき、スムーズに体も心も預けてくる感覚があって入りやすいが、子供の頃に抱っこされることに慣れていない女性というのは、素直に身を預けられないような、不安定でぎごちない抱かれ方になったりする。

なので僕は、「セックスのときにイケない」という女性たちのメカニズムを解明するには、子供の頃にちゃんと母親に抱っこをしてもらったか、おんぶしてもらったか、おっぱいを何歳まで飲ませてもらったか……、そういったことを聞いてデータにしてみるといいんじゃないかと思っている。

僕は、「セックスは、男性からひたすら女性に与えることから始まる」と思っている。

ただ、与えると簡単に言っても、「与えられた」経験のない人は上手に「与える」のに苦労するかもしれない。すなわち、人に与えるための「ギブ」というのは、どこかからもらってきた「テイク」があってのことだ、ということ。

そう考えてみると、セックスでのギブ&テイクは、女性に限らず男性も、子供の頃に母親から受けた愛情にたどり着くのではないだろうか。

一見、「セックス」と「母親の愛情」、また、「ギブ&テイク」と「母親の愛情」なんて、無関係なように思えるけれど、実は男も、乳幼児期から母親の愛情をしっかりと受けていればこそ、女性にもそのまま与えることができるのだと思う。

もし、パートナーがぎごちない抱かれ方をしたり、セックスに前向きじゃなくてうまくいかない、というのだったら、男女問わず、子供の頃の「抱っこ不足」が原因かもしれない。

さて、相手がそういう女性だったら、まず、やさしく包み込むように抱いてあげることが必要だ。そういうふうに抱かれることに慣れさせてあげながら、少しずつ心を開くように愛撫してあげよう。

そして、子供の頃のことをさりげなく聞いてあげるといいと思う。「兄弟はいるの?」とか、「実家はどこなの?」といった感じで、家族の話題から入って、「小さいときはどんな子だったの?」というように、子供の頃の話を聞いていけばいい。思い出しながら話していくうち、彼女自身も今まで気づかなかったことが見えてくるかもしれない。

そうして、自分さえ気づいていなかった自分自身の暗闇をちゃんと言葉で認識できると、前向きになれたり、自分を理解してくれたという喜びで相手に対する信頼も深まったりするだろう。そして当然、セックスに対する姿勢がやわらかくなり、がらりと変わるものだ。そうしていいセックスができるようになった女性を、たくさん見てきた。

実は、長年の恋人同士や夫婦ですら、相手が子供の頃にどんな環境で両親にどう育てられ、本人がどんな思いでいたのか、という話をしていないカップルが意外と多い。

セックスの後、ベッドで横になったまま、「そういえば、子供の頃はどんな子だったの？　教えてくれないかな」なんて、髪を撫でながら聞いてみるのもいいんじゃないだろうか。

そういう子供の頃のことからひもといていくと、今までよりずっと深い部分でお互いをわかり合えるようになり、〝いいセックス〟を楽しめるようになると思う。

それから、もし、フェラチオやクンニを拒絶されてしまったら、その女性は、子供の頃か思春期の頃に、「性器は汚いものだ」という感覚を誰かに植え付けられている可能性がある。それで、生理的にどうしても受け入れられなくなっているのかもしれない。

そんな女性に対しては、行為を無理強《じ》いしないで、後からさりげなく理由を聞いてみるといい。これも子供の頃の話に遡《さかのぼ》ることになるだろうから、二人で克服できる方法はないか、話をしてみよう。

生理的にそういう行為を受け入れられない女性に対して、セックスの最中に怒ったり責めたりしては、セックスがどんどん苦痛で憂うつなものになってしまうので、注意して欲しい。

7人の女性とセックス三昧した日々

若い頃は、どうしても男ってものは「俺がやってあげてる」というふうに高飛車になりがちだ。だけどいったん、「男はしょせん、女性にやらされているのだ」ということに気づけば、今度は「やらせていただく」という気持ちになって、目線を低くすることができる。

僕にも、昔は「やってやる」の態度でセックスしていた時代があった。

出身地の秋田で高校を卒業してから、日立の営業マンとして成績もよかった僕は、いい車欲しさに、睡眠時間を削って夜はウエイター……といっても今で言うホストに近いアルバイトをしていた。21、22歳の頃だ。

仕事もできたし、同年代の男と比べると稼いでいたから、「俺はイケてる」と思っていた。それに、女性たちがたくさん寄って来たのをいいことに、同時に7人もの女性とつきあっていた。電話一本で、すぐセックスできる女が7人もいるという贅沢な環境。困ることと言えば睡眠不足になることくらいで、あとはすべて自分の思いどおりに世の中が回っていると勘違いしていた。

休日は、午前、午後、夜と時間をずらしながら、1日3人とデートしてセックスをしたこともあった。そうしていても7人の女の子たちにバレないと、タカをくっていたし、いい気なもんだったと思う。

ある日、たまたま、偶然にも7人全員が都合が悪いと言って、どの女の子ともデートできない日があった。それが僕の大きな転機になった。もしそこで、誰かしら一人にでも「いいよ」と返事をされてセックスしていたら、僕の運命は今とは違っていただろうと思う。

7人すべてから断られたことで、僕はその日から人が変わったようになった。

誰とも会えないとわかった瞬間、ものすごい孤独感に襲われ、「ああ、どの子も俺の彼女じゃなかったんだ」と気づいたのだ。体だけでつながっていることの空しさを初めて味わった。体の拘束力はあっても、心の拘束力はない疑似恋愛みたいなことをしていたわけだから。それを機に、ぱったりと僕は女の子と遊べなくなった。

そんなことがあってから数年後、僕は上京して、カメラマンのアシスタントからこの世界に入るようになった。そしてある日、代々木監督との『性豪』という作品を撮ったんだ。

二股は女性にバレずに完結できるか

『性豪』という作品では、監督から、同じホテルの別々の部屋にいる女優さんふたりの間を行き来しながら、上手く両方とセックスをする、二股男を演じるように言われた。台本も演技指導も一切なし。条件はふたつだけ。監督の鳴らす鐘が鳴ったら、もうひとりの女優さんの部屋へ移動すること。そして、どちらの女優さんにも、二股をかけているのをバレないようにすること。

そして、撮影開始。

前戯で盛り上がった〝いいところ〟で鐘が鳴ったので、上手く嘘をついて隣の部屋に移動。そしてまた、隣の部屋で甘い言葉をささやいてセックス開始。するとまた途中で鐘が鳴って、なんとかごまかしながら、隣の部屋に戻る。それを繰り返したんだ。

そうやって何度もふたつの部屋を往復してるうちに、嘘を隠すために重ねていく嘘が、ひとりの女優さんにバレそうになって、とうとうギブアップ。正直に話して謝った。ゲームオーバー。「ああ、失敗だ」って思った。

ところが、そんな僕を見て、スタッフが全員大爆笑。実は、そこには裏があったのだ。なんと、僕が部屋を出た後、すかさず別の男優さんが、ちゃっかりふたりの女優さんたちとセックスしてたというわけだ。つまり、騙《だま》されていたのは僕のほうだったんだ。

当の僕は撮影中どうだったかというと、嘘を上塗りしながら、今度はどう言い訳しようかということでいっぱいいっぱい。自分がいない間に、女優さんが他の誰かとセックスしてるだなんて、まったく疑う余裕なんかなかった。どちらの女優さんも、ひたすら僕のことを待ちこがれているのだと思い込んでいた。

「やっぱり男ってちっちゃいよなあ、鷹。女ってすごいだろ。お前が部屋を出てから、何してるかなんてわからなかっただろ」って、監督に言われて、ハッとした。

このとき、あの秋田で7人の女の子といい気になってつきあっていながら、全員に断られた若き日のことがデジャブのように甦《よみがえ》った。

「あのとき、彼女たちに俺以外の男がいるなんて、これっぽっちも思わなかった。あの日みんな都合が悪かったのは、俺以外の男がいたからだったんだ。バカだよな。俺ひとりが7人に操られていたんだ」と、何年も前の事実に、その瞬間、やっと気づいたのだ。

女は男の嘘を見抜く天才である

男って、自分が嘘をついているときは、その嘘を塗り固める作業に必死で、相手の女性が嘘をついてるかどうかなんて考えもしない。

『性豪』の撮影のときも、今になって考えてみれば、僕が部屋を出てからしばらく経《た》っているのに、戻ると女優さんのあそこが濡れていたわけで、気づくための情報はあったのに、「早く欲しくてこんなに濡れちゃった」って言われると、その言葉を疑おうともしなかった。

この作品をきっかけに、「女はスゴい。かなわない。男が女を操ってる気になるなんて、とんでもなくおこがましいことだ」と、思い知らされることになった。

しかも、僕と、もうひとり（僕と入れ替わりに部屋に入ってセックスしていた男優さん）と、どちらがよかったか、って聞いたら、女優陣はふたりとも僕じゃない男優さんを選んだ。「だって、ガチンコで愛してくれたから」と言って。僕にとってはすごくショックなひと言だった。一生懸命やっていたつもりだったのに、バレバレ。

男のほうではいくらうまくやっているつもりでも、気持ちが自分に向いていないセックスをしているときって、女の人はお見通し。

僕はこの撮影の体験を経てから、セックスは「女性にやらせていただくものだ」という気持ちに変わった。

最近の若いホストの男の子たちを見ると、昔、秋田にいた頃の僕と同じようなことをやっているな、と思う。絶対にバレないと思って何人もの女の子をその気にさせてるけど、実は女性のほうがうわてなんだってことに、いつか気づくことになるだろう。今、僕からは何も言わないし、言ってもわからないと思ってる。人は自分で失敗した経験からでしか学びとることはできないし、成功だけでは何も学べない。すべては自分で気づくしか方法はないんだ。

求められたら素直にセックスすべし

一度、素直に「やらせていただく」という気持ちになれると、自然と女性のメンタル面に気遣うことができるようになる。「自分の言うことを聞かせよう」ではなく、「相手の言うことを聞いてあげよう」って姿勢になれるからだ。

「何でも聞いてあげる」なんて、優柔不断な男の言うことみたいに思えるかもしれないけれど、そんなことはない。例えば、「何でも聞いてあげる」という姿勢が男にも女にもあれば、世の中のセックスはもっとうまくいくし、セックスレスだって格段に減るはずだ。

なぜ僕がそう考えるのか。セックスレスの恋人や夫婦の話を聞くと、「やりたくない」と思っているわけではないし、もともとセックスができない条件があったわけでもない。ざっくり言うと、相手の言うことを聞かなかったがために、自分たちで原因をつくってしまったというのが、理由だからだ。

どちらかが誘っても、「面倒くさい」「その気になれない」「今日はもう疲れた」「明日の朝早く起きなきゃならないから」そういった自分のエゴだけで拒絶してきてしまったということ。

少々疲れても、睡眠時間を削ったとしても、相手が「やりたい」と思ってるときに、言うことを聞いてセックスしてあげればいいのにと思う。それが、どれだけ相手を歓ばせることになるか。特に男は単純だから「疲れていたのに俺のためにしてくれた」って、ご機嫌になるだろうし、次の日は快適な気分で過ごすことができるはずだ。

その場のエゴで断って、二度と相手が「やりたい」とは言えなくなってしまうリスクの大きさを計ったら、相手のために多少の無理をするなんてことは比べものにならない。

相手の言うことをちゃんと聞いてあげる。自分がやって欲しいと思うことを相手にしてあげる。言われたら嬉しいと思うことを言葉にしてあげる。それらはどれも小学生だってわかること。いい大人なのだから、それをちゃんと心がけていれば、セックスだって、いい方向に向かわないはずはない。

第五章　女性は
キスでイカせてキスで終わる

女性の快感の波をつくるチャンスは、前戯のみ！

恋愛の本質は、相手のことを好きかどうか――。

こんな当たり前のことなのに、なぜか「本質」を置き去りにして、「手法」にばかり偏ってしまい、その結果、今では、恋愛が「駆け引き」になってしまっている。

「これだけプレゼントしてあげたから」「これだけ楽しませてあげたから」。だからその見返りに「セックスさせろ」といった、プレゼント合戦やゲームのような駆け引きだ。夫婦の場合もそう。「俺が養ってやってるんだから」「俺のおかげなんだから」って。

そんなふうに駆け引きが見えてしまうと、女性の心は冷めてしまう。女性は、遊びたいとか、贅沢をさせてもらいたいと思っているわけではなく、愛され、癒《いや》されたいと思っている。男とのセックスで癒されないから、あんなに癒しグッズだの癒しのサロンなんかが流行するんだと、僕は思う。

じゃあ、女性が癒され、心地よいと感じるセックスは、どうやったらいいのか。

それは、前章でも説明したように、女性の体と心について正しく理解できればわかる。女性のボルテージが上がるゆっくりしたリズムの波に、男性がどれだけ合わせられるかで決まるということだ。

男性にとって、興奮する波がやってくるのは、勃起する瞬間と射精する瞬間、そのった2回の極端な津波だけ。一方、女性は、何段階かに分けて大きな波のうねりが訪れる。その波のギャップを、男性が埋め合わせていくしかない。

スロースターターの女性は、自分が興奮して気持ちよくなる前に挿入されてしまうと、もう追いつけなくなって、そのままおいてきぼりでフィニッシュということになる。

つまり、男が埋め合わせできるチャンスがあるのは、挿入前の前戯だけということになる。だからこそ、時間をかけた丁寧な前戯が必要不可欠なのだ。

実は僕自身は、もう長年、セックスは前戯だけでもいいし、射精できなくても別にかまわないと思ってる。セックスそのものよりも、女性が気持ちよくなって高まっていく表情だとか、「私は変わらないから」って言い張ってる女の子がもろくも崩れていっちゃう様子だとか、そういうギャップを感じるほうが楽しいのだ。

でも、おそらく「前戯だけでもいいんだ」って、本心から言えちゃう男ほど、いいセックスができるのではないかと思う。なぜなら、そういう男こそ、きちんと女性と向き合うことができて、独りよがりなセックスはしないはずだし、セックスそのものが目的ではなくて、プロセスを楽しめるってことだから。

年をとったほうが、男のオーガズムは大きくなる!?

僕としては、ここ10年以上、なにがなんでもセックスしたいっていう感覚はないから、いくつになってもやりたいって言っている元気溌剌《はつらつ》の男性を羨《うらや》ましく思う。

若い頃は、やりたいっていう性欲が先走ると、興奮してしまってコントロール不能になり、なかなか相手の女性のペースに合わせるのが難しくなってしまう……というのはよく理解できる。かなり強く意識してセーブしていかないと、合わせられないこともあるだろう。セックスっていうのは肉体と精神のバランスだから。

でも、肉体的な性欲が、年齢とともに徐々に穏やかになってくると、今度は逆に、精神的に相手を満足させたい、楽しみたいという欲求が高まってくるはずだ。縦軸がエネルギー値、横軸が年齢、というグラフで表してみるとわかる。

肉体的曲線は年齢とともに右下がりになるが、精神的曲線は年齢が上がるほどに右上がりとなり、途中で両方の曲線がクロスする感じになる。つまり、若いときは「肉体的曲線>精神的曲線」であり、年をとると「肉体的曲線<精神的曲線」となるわけだ。もちろん、男として〝いいセックス〟を心がけてくればそうなる、という話だが。

女性のペースに合わせて、〝いいセックス〟を楽しめるのは、肉体的曲線の位置が高い時期より、30代以降の、精神的曲線が上がってくる時期になってからだろう。むしろ、もっとずっと年をとってからのほうが、僕が体験したような、男のオーガズムを知る機会もできるだろうし、精神的にうんとセックスが楽しめるようになると思う。

年をとったらセックスはおしまいだ、なんて思っているかもしれないが、そんなことはない。たとえやりたいという肉体的欲求はなくなっても、女性の裸を見たいとか、セックスされたいという感情は、ずっとあるのだという話を年配の人に聞く。今は、老人ホームに入っている男性だって、性欲があって元気な時代だ。生涯現役でもおかしくない。

僕の知り合いに、「オケ専」の女性がいる。年をとった男性が好きな女性が「ジジ専」。それよりもさらに年上好き、つまり、棺桶に片足を突っ込んだような年齢の男性としかつきあわない女性が「オケ専」だ。

その女性が言うには、そういう相手だと、年をとりすぎているために、彼女がすべてをやってあげないといけないらしい。つまり、男性は横たわったままで、女性にされるがままのセックスとなる。

すると、相手のじいさんは「気持ちよくて死にそう」って言うんだって。彼女は「私を最後の女にして、死んでくれ」と思うって言っていた。

それって、究極の愛の形じゃないだろうか。男だって、70歳過ぎた自分を一生懸命立たせてくれる惚れた女に、セックスされながら死ねたら本望だ。僕がもし女だったとしても、そこまでできないんじゃないかと思う。

前戯の前戯はマッサージごっこから

雑誌の企画なんかでよくある、セックスの平均時間調査を見ると、だいたい40〜50分くらいというのが相場らしい。

これが挿入時間についてだけ言ってるのだとしたら、ものすごく長い時間だと思う。僕でも30分挿入していられるかというと自信がない。やはり当然、前戯の時間を入れた数字だろう。

でも、前戯を入れた平均時間だとしても、どうも現実味に欠ける気がしてしまう。「20分くらい」というのならまだわかるけれど、この数字、相当、見栄を張ってる感じもしてしまう。

スタートして果てるまでの一連の安定した流れでの40～50分じゃなく、途中でいったん休んで、話をしてみたり、煙草を吸ったりしながら、また女性もがんばってもらう、そこから30分は粘ろうとする……というような、なんとも言えないせわしなさが伝わってくる40～50分なんじゃないかと思うのだが、どうだろう。

最近、現代人は食べ物や栄養の状態が悪いから、何かの栄養素が欠乏していて、そのせいでセックスができなくなっているという説がある。でも僕は、確かにそれも原因になっているかもしれないが、それでも、そんな理由は、全体の2パーセントとか、その程度にすぎないと思っている。

現代の人たちが、セックスができなくなっていたり、やったとしてもせわしなくなってしまう理由は、もっと精神的なところにあるんじゃないだろうか。

スタートの時点から間違っているのだ。「セックスしなきゃ」の発想から始めるために、まずそこでせわしなくなってしまうし、自分に余裕が持てなくなってしまう。それで、焦りが生まれるし、焦れば焦るほどうまくいかなくなって中折れするし……という悪循環になってしまうんじゃないだろうか。

「こうしなきゃ」「イカなきゃ」「イカせなきゃ」という気持ちでセックスをするのは、必要以上に重たいリュックを背負って山を登るのと同じ。途中で息切れして苦しくなってしまうし、つぶれるのも早い。

だから、「さあ、今からセックスしよう」「前戯しなくちゃ」じゃない方法でセックスを始めたらいいんじゃないかと思うわけだ。もっとリラックスしながら、例えば、マッサージから始めてみるとか。

マッサージであれば、前戯だ、愛撫だ、と構えることなく、もっとお互いが遊び心でスムーズに入っていける。裸で仰向けになる姿勢ではなくて、うつぶせの状態から始めれば、前戯の前戯ってところだ。

前戯では、女性は言葉と触覚で興奮する

ただのマッサージじゃなくて、セックスにつながっていけるようなマッサージについて考えてみよう。

まず、女性にうつぶせになってもらい、気持ちがいいところを教えてもらいながらマッサージをしてみる。僕は、女優さんだけじゃなくスタッフにもマッサージをしてあげることがあるのだけど、みんなから上手いと褒められる。マッサージも愛撫と同じだと思う。自分がされたら気持ちいいだろうと思うところを、相手の女性にもしてあげればいいだけのことだ。

こうしてマッサージから始めると、いきなりセックスに入るよりも、会話だって弾んでくる。「ここ、凝ってるね。どうしてかな」とか、「ちょっと強すぎるかな、痛かったら言ってよ」なんてことから、「くすぐったかったら言って。もっとくすぐったくして

あげる」なんていたずらしたり、エッチな会話も楽しめたりする。

女性は、下品な「下ネタ」は好きじゃないけれど、「エッチな会話」は嫌いではない。嫌いどころか、女性を興奮させる引き金になる。前戯では、男性は視覚で興奮するが、女性は言葉と触覚で興奮してくるのだ、と覚えておこう。

だから、前戯のときから言葉のやり取りをたくさん楽しんでみて欲しい。「ああしろ、こうしろ」の命令はタブーだけれど、思ったこと、感じたこと、してもらいたいことは素直に表現していけばいい。もちろん、たくさん褒めてあげるのもいい。

だけど、気をつけて欲しいのは、例えば、おっぱいが大きいことを褒めようとするときに、「すごい巨乳だね」と言うのと「おっぱいが大きくて素敵だね」と言うのとではまったく違うってこと。「巨乳」ということを気にして、その言葉に対して敏感になっている女性もいる。

つまり、男が喜ぶような直接的すぎる言葉と、女性に対する褒め言葉には違いがあるということ。だから、言葉は相手を思いやってあげながら使わなくてはいけない。

全身を舐めまくるときのツボはココだ

女性からの相談でも、よく「男の人はどこが感じるんですか？」って聞かれるんだけど、そういうときは「あなたはどこが感じるの？」って聞き返す。「それと同じところですよ」って。

男と女がまるでまったく違う生き物のように思っているけれど、そう考えるから難しくなってしまうのであって、元はひとつの生命体から分かれたものなのだし、受精したときは男も女もないわけだから、同じ生き物だと思って相手のことを見たほうが、ずっと身近に感じて心も入りやすくなる。

性感帯というのは、実は全身にある。

特に東洋医学でいう経絡やツボには、性感帯が集中していると思っていい。マッサージをして気持ちがいい箇所っていうのは、ごく軽く指先でタッチするだけでも、舐めても気持ちがいいはずなのだ。

だから、裸で彼女をマッサージしながら、お互いの気持ちが高まってきたら、今度は、全身をくまなくゆっくりと舐めてあげよう。女性の体の隅々まで舐めてみたことがあるだろうか？　全身を舐めていくと、女性がビクッと反応するところがある。「こんなところが気持ちいいのか」って、新たな発見が必ずあるはずだ。

特に人間の体の構造上、普段は隠れている場所というのは、男も女も感じやすくできている。耳の裏、脇の下、指と指の間、膝の裏、足の裏、ももの内側などがそうだ。

最初はくすぐったいけれど、敏感で感じやすい場所ゆえに、「くすぐったい」は、だんだんと「気持ちいい」に変わってくる。「くすぐったいからやめて」と言われて、すぐやめたりしないように。やさしく続けていくと、やがて「気持ちいい」に変わり、さらに続けていけば、「イク」姿まで見ることができることもある。性器に触られているわけでも、ペニスを挿入されているわけでもないのに、だ。

乳首とクリトリスだけ舐めて前戯は終わり、次は挿入……という人が圧倒的に多いようだが、もっといろんなところを舐めなくちゃ。首筋や肩、背中、わき腹などが感じるというのは知ってる人が多いかもしれないが、性器より下の下半身を愛撫するのに慣れている人って、少ないのではないだろうか。特に膝の裏、足の裏や指は、ぜひ試してみてもらいたい。女性の反応が、これまでとまるで違ってくるのを感じるはずだ。

そして、自分が舐めているのと同じところを、女性にも舐めてもらうように誘導してみよう。舐められている感覚がどんなものかがよくわかるはずだ。

ただし、くれぐれも「俺のを舐めろよ」なんて命令はしないように。誰でも命令されてそれに従うのは、いい気持ちがしない。あくまでも「誘導」でいこう。

クリトリスには舌の表より裏側を使え

さて、ここで、オススメの愛撫の仕方がある。

女性の乳首を舐めているときに、自分の体の位置をずらして、女性の顔の近くまで自分の胸を持っていってみるのだ。お互いが乳首を舐め合える形にするってこと。自分が乳首を舐めてもらっているときに、目の前に男の乳首が現れたら、女性も同じように乳首を舐めてくれるはず。何もシックスナインのような、大げさな体位の変え方をしなくても、舐めながら、女性の口元に自分の体のその部分を近づけるようにするだけで大丈夫だ。

そして、特に敏感な乳首の先端は、やさしくころがすように舐めよう。確かに、乳首を強く吸われたり噛まれることで感じる女性もいるけれど、誰でも噛めば感じると思っているとしたら、大きな勘違い。男が思っている以上に、女性は痛いと感じている。だから、やさしく丁寧に扱ってあげることだ。自分の乳首も女性に舐めたり噛んだりしてもらって、体感してみるとよくわかるかもしれない。

それから、クリトリスを舐める時、ほとんどの男が強く刺激を与えすぎていることを知って欲しい。あなたは、舌に力を入れすぎたり、クリトリスをつぶすように下から上に強く舐め上げるようなやり方はしていないだろうか。それでは女性は痛い思いをするだけだ。あくまでも女性器の扱いはとことんソフトにやさしく。やさしすぎて感じないかな、と思うくらいのやさしいタッチで、女性は激しく感じるものだ。

ざらざらしている舌の表側だけじゃなく、つるつるした裏側をあてて上から下に舐めてあげるのも、相手への思いやりのひとつだ。

相手の女性に気持ちよくなってもらいたいという思いが100パーセントのときは、

女性だって鏡のようにそれを受け止めて応えてくれる。特に女性は、自分を歓ばせてくれた男性を歓ばせたいという気持ちが強いから、心から満足すると、自然と、自ら男の要望にも応えようとする。そうしたら、フェラチオだってやってくれるだろう。

だから、男側が、いつも簡単適当に前戯して「あとはそっちの番」っていう態度でいるとしたら、〝いいセックス〟なんてできっこない。女性はその鏡になって「何で私がこんなことしなきゃならないの？」って、不満な態度になってしまうし、気持ちよくするために一生懸命になんてならないのだ。

本当に気持ちいいのかどうかの聞き出し方

男性は、女性が感じているかどうかを確かめるときに「気持ちいい？」と聞くのが普通だろう。しかし、この質問そのものがよくない。

「気持ちいい？」と聞かれたら、「気持ちよくない」とは答えられないというのが、女性の心理だからだ。しかも、「気持ちよくない」と正直に答えられないばかりか、「気持ちいいような演技をしてしまう」という面もあるので、男性は、女性が本当に快感を感じているかどうかをちゃんと見極めないといけなくなる。

セックスの最中に限らず、終わった後に、男が「よかった？」と聞いてしまうのもよくある話だが、これもお勧めできない。女性から「よくなかった」とは、なかなか言いにくいからだ。

女性が「気持ちよくなかったな」と心の中で思っていたとしても、男の「よかった？」の質問に対して、傷つけないように気を遣って「うん、よかった」と答えてしまうのが通常だ。結果、そのことで、さらにダメな男のエゴが助長されてしまうわけである。

じゃあ、どうすればいいのか。

何度も言うように、まず、質問は極力しないことだ。

先ほどから、五感を働かせ、観察力や読解力を駆使して、女性が感じているかを読み取るようにお伝えしたが、どうしても言葉で確かめたいときは、男がセックスをしながら、自ら先に気持ちを素直に伝え続けることが基本になる。

日本の男性は「いい？」「感じる？」と質問攻めでセックスをする傾向がある。これが最もよくない。女性が感じているかどうかを確かめたいのなら、自分が感じていることのすべてを言葉にしていくこと。ただし、相手の女性を傷つける言葉はタブーだ。そして、質問ではなく、〝ちょっとお願い〟的な誘導を加えてみることだ。「すごくいいよ」「奇麗な肌だね、いっぱいキスさせてね」「こんなに濡れてくれて嬉しいよ、もっと舐めさせて」「その表情を見るだけで僕も感じちゃって、もう腰が止まらないよ」などなど。

リアルタイムに感じるままの素直な感想を言い続ければ、彼女だって感じているままの感想を返してくるようになる。ただし、基本的に男が思っているより、小さな刺激で女性は感じているものなので、前述したように、ほとんどの場合が「強すぎる」。だからこそ、自分の興奮度合いに合わせて「もっとして欲しいんだろ」とばかりに、激しく突っ走ってしまっては台無しになる。あくまで女性のペースを守ろう。

そうやって、言葉を通して心を開いているときの女性のリアクションを見れば、強すぎたり痛かったりということだってわかるはずだ。

女性から「それ、少し痛いんだけど」といった言葉が出るようになれば、それは男にとって嬉しいこと。そうしたら「あ、強すぎた？　ごめんね」と、修正すればいいし、「もっと激しいのがいいの」となれば、そこから徐々に激しくしていけばいい。

どうしても「気持ちいいのかどうか」がわからなくて不安で、話題をふりたくても、「気持ちよかったら言ってね」「して欲しいことは言ってね」など、投げかけるにとどめよう。

そういった細かい会話が、当たり前のコミュニケーションだと思うのだが、多くの場合、セックスのシーンでこうしたやりとりがまったくなされていないために、女性を感じさせるセックスが成り立たない、という悲劇が生まれてしまう。

セックスにおけるコミュニケーションは、あくまで「男は女性にセックスをさせていただいている。でも、本当の快感を感じさせてあげられないことが多い。だから、もっと相手のことを考えて気持ちをリアルに伝えていけば、もっと気持ちよくしてあげることができる」という、謙虚なスタンスに立つところから始まるのではないだろうか。

究極のスローセックス——腰を動かさないまま絶頂を迎える

時間をかけた丁寧な前戯は面倒くさいと思って、いつも申し訳程度にしかやらないという男性や、毎度お決まりのワンパターンコースになってしまうという男性がいたら、ぜひ聞いてみたい。前戯をするのと、前戯と同じ時間、挿入してから腰を動かすのと、どちらが体力を消耗しないと思うか？

答えはもちろん、前戯。

男が一生懸命に腰を動かしてる状態って、100メートルから200メートルを全力疾走しているのと同じエネルギーを消耗してるから、腰を動かせば動かすほど体はキツくなる。前戯をなおざりにしているってことは、あえて疲労するコースを選んでいることになるわけだ。

だけど、ちゃんと女性の快感の波に合わせてたっぷり前戯をしていれば、女性も興奮度がうんと高まって「早く来て」状態になっている。

ここが非常に重要なのだが、前戯で、快感の波をどれだけ大きく、何度も与えられるかで、その後の快感の大きさや〝イク〟可能性が、はるかに大きくなるのである。前戯の段階で、高い快感にまで到達していると、その後、ほんの小さな動きでも、激しい快感を引き起こし、何度もイク、という女性を見ることができるはずだ。
そして、信じられないかもしれないが、挿入した後に、もう腰を動かさなくても、お互いに絶頂期を迎えることだってできる！　これこそ、最高に気持ちのいい、究極のセックスだと言えるだろう。

何年か前に「ポリネシアンセックス」という、ひたすら動かずに快感を追求するセックスが注目されたことがあるが、せわしいセックスに慣れた日本人にはあまり理解されなかった。だが、僕は「腰を動かさなくても絶頂を迎えることのできるセックス」は決して特別なものだとは思わない。それどころか、すべての人が追求してもいいことなんじゃないかと思う。日本人のセックス観が変わっていけば、多くの人にとって幸せなセックスに結びついていくことになるのではないだろうか。

「潮吹き」にこだわる前にすべきこと

これまでの話でわかるように、「イッたことがない」「イケない」と悩んでいる女性がいるとしたら、それは基本的に男性の責任なのだ。
「イカない」女性を前に、焦ってしまって、性器に強く激しい刺激を与えたり、性急に腰を動かしたりして、結果「イカせる」ことができなくてがっかりしているとしたら、それは根本から大間違いなのである。

また、そういう傲慢で荒っぽいセックスで女性が「イッた」と言ったとしても、それは彼女の優しさであり、「本当はイッていない」もしくは「本当にイクということをその女性は知らないのだ」と思う。

繰り返しになるが、女性がイクためには、女性の立場に立った、長くやさしい前戯がなくてはならないのだ。

極端なことを言うと、「男は必ず腰を動かさなきゃいけない」なんていうのは、エゴと固定観念からきている貧しい発想だ。「セックスにかける10のエネルギーのうち、8とか9の割合で腰を動かすことに費やせばいいのかな」と考えたり、「じゃあ、それが平均時間より長いか短いか」とか「どのくらい動かせばいいのか」なんて言い始めるから、せわしないセックスに行き着いてしまい、とにかくがんばらなきゃならないんだってことになってしまう。

そもそも、10のエネルギーのうち、8〜9割も腰を動かすことに費やすようなセックスは気持ちのいいセックスではないだろう。大切なのは前戯だからだ。10のエネルギーのうち、腰を動かすのはせいぜい2割くらいでいいと思えば、「そんなもんでいいのか」と、気持ちも楽になるはず。その分、相手を観察する余裕もできるというものだ。

また、多くの男が「潮吹き」にこだわりすぎているのも問題だ。僕は、AVで多くの女性に潮を吹かせてきているので、会うとひんぱんに聞かれるのが「どうやったら潮を吹かせられますか?」という質問。潮を吹かせるためのテクニックなら、これまでの僕の著書に詳しく書いてある。

だが、今回伝えたいのは、「潮を吹かせればイカせたことになる」という固定観念を捨てて欲しいということだ。潮を吹かなくても、女性は激しくイクし、失神することもある。女性の体と、もう一度ちゃんと向き合って欲しい。

腰を動かさずにイカせる方法

というわけで、腰を動かさずに「イク」ための具体的な方法について、説明しておこう。

前戯でうんとお互いの気分が高揚して、女性側から挿入を求める状態になったら、挿入したままじっとしてみよう。と言っても、数年前に話題になったポリネシアンセックスのように「30分じっとしていましょう」なんて言うと、また頑張ろうとして萎えちゃうから、感じるままに任せ、時間は気にしなくてかまわない。

前戯で本当に高まっていると、挿入したまま、摩擦しなくても、至福の時を感じることができるはずだ。大事なのは、挿入したまま、お互いの目と目を見つめ合って、表情でも感じ合ってみること。それだけで、ビクンビクンとペニスもヴァギナもお互いがイキそうになる。

男って、カッコつける場面では、目を見つめて決め台詞《ぜりふ》を言おうとするくせに、なぜかセックスのときになると、恥ずかしいとか笑っちゃうと言って、見つめ合うことをしない傾向がある。女性も同様だ。一度、ちゃんとお互いが見つめ合うセックスをしてみよう。

女性が本当に気持ちよくなってきて、じっとしているよりも摩擦が欲しいと思えば、自分から腰を動かしてくる。そういうふうに女性主導の腰使いで射精したあかつきには、精子がいつもより大量に放出されるはずだ。つまり、男にとっても、めちゃくちゃ最高に気持ちがいい。

ところで、女性が動きたくなったときに自由に動けるようにするためには、体位はどうだったらいちばんいいのだろうか？

そう、観察力がある男性ならすぐわかるだろうが、騎乗位だ。騎乗位は女性が動きたいように腰を動かせるから、その動きが女性の気持ちよさのバロメーターとなる。「男をよくしようとして動かしている」のか、「自分が気持ちよくて動いてしまっている」のかが一目瞭然だし、本当に気持ちがよければ、騎乗位で女性は心から解放されるはずだ。

しかし、ここで男として気をつけたいのが、一度挿入したら、体位を変えるときもペニスは抜かないようにすること。女性にとってのセックスというのは、前戯から後戯までが一連の流れになっている。どんなに前戯で興奮しても、途中で抜いてしまうと、女性はハッと我に返ってクールダウンしてしまうことがある。

いったんそうやって冷めてしまうと、せっかく前戯で気持ちを高めて、男のほうはすっかりできあがっているのに、また一からやり直しという悲しい羽目になるので、気をつけよう。

後戯の記憶を次のセックスの布石にせよ

女性にとって、セックスで最も〝記憶に残る〟部分はどこになるか。

それは「後戯」だ。

どんなに素晴らしい前戯をしても、射精して「はい、おしまい」で背中を向けたり、すぐにシャワーなんか浴びに行ってしまったら、女性にとっては「〝いいセックス〟じゃなかったわ」ということになってしまう。それくらい、射精直後の数分間は、女性のメンタルに大きく影響を与える。

男の立場でも考えてみて欲しい。僕だったら、もし、イッた直後、相手の女性が自分のことをまたいで「シャワー浴びてくる」なんて態度をしたら、いきなり冷めて、「なんでこんな女とやりたいなんて思っちゃったんだろう」って、すごく後悔すると思う。それと同じことだ。

だからといって、特別な後戯をしなくちゃいけないかというと、まったくそうじゃない。手を握ったり、体を触ったりしながら、ベッドの中でしばらくセックスの余韻に浸っているだけでいい。

たったそれだけのことなのに、後戯をしてくれる男とは、次もセックスしたいと女性は思うものだ。

逆に、「はい、おしまい」で、自分勝手に遮断してしまう男とは、その後味の悪い記憶が甦って、次に誘われても、女性はセックスをしたいという気持ちになれない。

そうやって考えると、日本人男性は、世界で一番後戯がヘタクソなのだろうと思う。だから女性が満足感を得られずに、セックスの回数が世界一少なくなっているんじゃないだろうか。

ただ、後戯を義務だと思ってしまっては意味がない。

僕は、撮影の現場で、射精した後に女優さんの上半身だけを撮影する場面になっても、すぐには離れずに、カメラに写っていないところで、必ず手を握ったり、足を撫でたりしながら見つめてあげるようにしている。

それは、女性がイッたあとの満足感は、セックスした男が一緒に寄り添っていてくれる安心感があってこそ生まれるもので、表情にも表れるから。そんなときの女性は、一番いい顔をしている。

エネルギー配分の法則は5対2対3と心得よ

〝いいセックス〟は、キスに始まりキスで終わるものだと、僕はいつも言うのだけれど、最初にキスはしても、射精の後にキスができている男って少ないんじゃないだろうか。

最初のキスから終わりのキスまで、前戯、挿入、後戯のおおよそのエネルギー配分の比率をあえて数字にしてみるなら、5対2対3になればベストじゃないだろうか。もし、仮に50分だとしたら、前戯25分、挿入10分、後戯15分、ということになる。

ただ、あくまでも目安として提示するだけで、こういう数字にとらわれて、そのとおりにしようとしないで欲しい。たまたま早く興奮するシチュエーションができていて、前戯が短くなることもあるだろうし、前戯が長くて、挿入から射精までが短くなることだってあるだろう。

でも、あながち本番2割で他8割というのは、セックスでも仕事でも当てはまる黄金比率だと思う。プレゼンのときだって、プレゼンの本番より準備に時間と労力をかけるし、プレゼンが終わってからだって、クロージングも丁寧にしなきゃ仕事は決まらない。となると、準備、プレゼン、クロージングの比率だって、だいたい5対2対3くらいになるはずだ。

セックスでは、最初のキスと終わりのキスで「この人なら安心できる」という気持ちにさせることができれば、あとは大丈夫。何も力まず、女性の波のうねりに合わせながら、感性の赴くままに、セックスを楽しもう。

第六章　より奥深い大人のセックスの楽しみ方

さらに性の快楽の底へと進みたい人のために

本書では、あえて、精神論に近い話をしてきた。

僕が本当に話したいことは、ここまで読んでいただければ十分わかってもらえると思うが、セックスには基本が最も重要なのだ。思いやりと女性の体への理解が第一に重要であり、それがすべてだ、と言っても過言ではない。この基本さえ、正しくわかっていれば、特別なことをしなくても、究極の快楽を手に入れることができるんじゃないだろうか。僕自身、すでに言ったように、正常位、騎乗位、後背位の3つくらいの体位しかしない。結構ノーマルである。

基本ができていない人が、応用テクニックにばかり目がいき、身につけようとすることは、やはり、どこか間違っている。快感がなんたるかもわかっていないのに、本当の快楽を感じられるとは、僕には思えない。

とはいえ、もちろんセックスにも〝応用編〟がある。快楽には底がないから、ひとつの快楽を知ったら、さらにその世界へ進みたい人もたくさんいるだろう。

そこで、この章では、アブノーマルな世界の話も含めた、セックスの応用編について解説する。

ただし、注意して欲しいのは、基本を理解できていないのに、この章を読むべからず！ だ。基本が理解できた人は、ぜひ、この章に突入して欲しい。

女性に「言い訳」をさせて次のステップへ進め

男であれば、「いろんな体位を試したい」「SMやアナルをしてみたい」「フェラチオで顔面出ししてみたい」「大人のおもちゃを使ってみたい」……などなど、いろいろな欲求があるだろう。相手が心を許したパートナーであればこそ、いろいろなセックスの楽しみ方をしてみたいと思うのは、ごく自然のことだ。

しかし、それらは繰り返し言うように、〝男の側からのエゴを押し付けるだけではないセックス〟、〝相手の女性を深く思いやるセックス〟ができる場合のみ、次のステップとして考えてもらいたい。

SMやアナルなどを経験したことがない女性にとって、それが実際にどんなものであるか、好奇心はあるものの、同時に恐怖心も強く持っている。

これまで、男に一人前の女性としてきちんと扱われず、〝いいセックス〟を経験していない女性というのは（かなり多くの女性が、〝いいセックス〟を経験していないのだが）、セックスに関する自らの快感に対して、「どうせいいものじゃない」と、心の中で諦めている場合も多い。

そういう女性は、「どういうセックスが好き？」「どんなセックスをしてみたい？」と尋ねられても、「あなたが気持ちよくなってくれればいい」なんて答え方をする。自分が快感を得られないために、相手の男性が喜んでくれることに、自分の喜びをすり替えているのだ。

そもそも、女性は、何事に対しても言い訳を必要とする生き物だ。「この人のことが好きだから」という理由がなければ基本的にはセックスをしないし、セックスのハードルを越えても、何かにつけて理由と言い訳が必要になる。

ＡＶを観るのも「セックスのときに彼が燃えると思ったから」とか、フェラチオをするにも「彼がどうしてもして欲しいって言うから」とか、そんな具合だ。女性から「私がAVを観たかったのだし、フェラチオもやりたかったから」とは言わない。淫乱《いんらん》と思われることを恐れている女性が多いのも事実だ。

つまり、SMやアナル、大人のおもちゃも、女性自身がいくら興味を持っているとしても、理由と言い訳がなければ、自分から「やりたい」とは、なかなか言えない。バイブやピンクローターを買って、気持ちいいと思っている女性でも、「あなたよりこっちがいい」とは言わずに、「あなたが喜ぶかと思って買ったの」と言うだろう。

どうしてそんなに女性は言い訳をしなくちゃならないのか？

そもそも、男性と女性の違いがそこにある。男性は視覚的な興奮を感じると、好きでもない初対面の女性であってもセックスができてしまう動物、という面がある。精子を大量に生産して放出し、一人でも多くの子孫を残さなくちゃならないオスとしての本能を持ち合わせているからだ。

しかし、それに対して女性は、基本的に1カ月にひとつの卵子のために、しっかりといいオスの精子を選択して受け入れなければならない。必然的に、恋愛感情を持つという選択肢の結果として、男とセックスをするという体の仕組みになっている。だから、女性は、選択するための理由と言い訳を常に必要とするのだと、僕は考えている。

ＡＶや大人のおもちゃがこれだけ手軽に買える状況になっても、女性がなかなか手を出せないのは、普段の生活の中で、それらを購入して言い訳ができる状況がないから。心の中では、すごく興味を持っている女性がたくさんいるのに……。

男はそのことを理解して、セックスではいかなる場面でも、女性が言い訳を言える状況をセッティングしてあげなければならない。

特にノーマルなセックスから次のステップに進む場面では、男から「大丈夫だから」「絶対に痛くないから」なんて、懇願するような言い訳を連発しないように。そこは、男と女の心理ゲームになる。

おもちゃで真剣にイカせようとするな

まず「大人のおもちゃ」の使い方について話しておこう。

第二章で、AVでのプレイを真に受けないようにと注意したが、大人のおもちゃについてもまったく同じ。いくらAVで、ビッグサイズのバイブレーターを挿入された女優さんが、気持ちよさそうに喘いでいるからといって、それは男の娯楽として設定された架空のもの。

通常、一般の女性は、ガンガンにピストン運動をするようなビッグサイズのバイブレーターを受け入れることはできない。かえって膣や粘膜、クリトリスなどを傷つけてしまう可能性が大だ。

ショップや通販、ネット販売だけでなく、ラブホテルに行くと、自動販売機でバイブレーター等が売られているので、ごく普通のカップルでも手軽におもちゃが使えるわけだが、一歩間違えると、女性の体を傷つけることになるので、男性は器具の取り扱いにうんと気をつけて欲しい。

僕の知る限り、ピンクローターについては、多くの女性が「気持ちいい」と言うが、バイブに関しては、半数くらいの女性が「気持ちよくない」と言う。

ＡＶではバイブを使う場面が多いので、男は短絡的にバイブがいいと思いがちだが、女性の感じ方とは大きなズレがある。しかも、こういった機械的な刺激そのものを好まない女性がいるということも理解しておこう。

これらを使ったとき、女性に正直なところの感想を聞いて、「あまりよくない」と言うのだったら、潔くやめ、男性自身のペニスで勝負するべきだと思う。

それから、おもちゃ類を使うときは、あんまり真剣になって、研究心をむき出しにしたり、それだけで女性をイカせようとムキにならないこと。そんなことをしたら、女性は引いてしまう。

おもちゃは、あくまでも二人のセックスライフを、より楽しむための娯楽グッズとしてとらえよう。それはＡＶでも同じだ。

男がＡＶに見入ってしまったり、おもちゃを真剣に選んだり集めたりするようだと、相手の女性は、自分のことに関心があるのではなく、セックスのツールに関心があるのだと思って冷めてしまう。女性にとって、それらは、愛する男性に喜んでもらうためのひとつのツールにしかすぎないのだ。

女性はいつも言い訳を求めている。だから、AVを一緒に観るにしても「ごめん、俺が観てみたくてさ、ちょっとつきあってくれる？」とか、おもちゃを買うにも、デートの途中でふらっとそういった店に立ち寄って、「たまには、こんなの使ってみようかと思うんだけどさ」って感じで、さらっと流してみよう。

"鷹流"ピンクローターのオススメの使い方

さて、バイブやローターを使用する際に注意するべきことがある。まず、器具を清潔にしておくのはもちろんのことだが、もうひとつ、必ずベビーオイルかローションを器具と女性のヴァギナにたっぷりと塗っておくことだ。

ピンクローターは、値段も大きさも手頃なので、使って楽しむカップルも多いと思われるが、ピンクローターの場合、クリトリスの皮をむいて当てると、刺激が強すぎて女性が痛い思いをする。僕からのオススメは、ピンクローターを手で持たず、コード部分を持ってぶら下げたまま、振動しているピンクローターをクリトリスにそっと当ててみるという使い方だ。

クリトリスに当たったピンクローターは、振動で跳ね返り、ヴァギナ周辺のいろんな部分に当たりながら、不規則な刺激を繰り返していく。その予測できない跳ね方が、女性の気持ちを高めさせていくのだ。

また、ピンクローターをヴァギナに挿入する際には、スイッチをオフにしたままで出し入れしながら、途中でスイッチをオンにしてみよう。その際、強弱の調節は「弱」にセットする。強いほどいい、激しいほどいい、というのは、男の勘違い。ただし、ここでも、女性が嫌がったらやめよう。

ピンクローターはサイズもコンパクトなので、もっと刺激が欲しいと感じた女性なら、「もっと強くして」と、自ら求めてくるだろう。その場合に、初めて「強」にしてみよう。

スイッチをオンにしたりオフにしたりして、女性をじらしながら、ピンクローターで、Gスポットへの刺激も試みてみよう。

Gスポットは、ヴァギナの入り口から上側（＝お腹側ということ）の恥骨の硬さがなくなったあたりにあるのだが、相手の女性の反応を見ながら、ピンクローターを少しずつ移動させ、女性が最も感じる部分をさぐってみるといい。

また、Gスポットに加え、もう少し入り口に近い手前の上側（＝お腹側）部分にも、女性にとって感じるツボがある。男性の指も一緒に挿入しながら、女性が感じる部分をピンクローターで探ってみるのもいいだろう。

もし、バイブやローター以外の異物を挿入する場合は、相手の女性の了承を得て、病気感染や傷をつけることにならないよう、細心の注意を払い、異物にもコンドームを付けることをお勧めする。そのくらい、女性へのいたわりは忘れずに持っておくべきなのだ。いたわりすぎる、ということはない。

ソフトSMで女性の潜在意識が目覚める

男であれば、一度はSMもやってみたいと思う人は多いだろう。恐らく、軽く手を縛ったり、目隠しをしながらの「ソフトSM」のようなプレイは、楽しんでいるカップルも多いのではないかと思う。

AVで繰り広げられる本格的なSMプレイでは、縄で縛るプロの人がいたり、入念な準備がされているということを、ちゃんと認識しておいて欲しい。素人《しろうと》が、安易に縄で縛って吊るすような真似なんかするのは、非常に危険だ。女性を死に至らしめてしまうようなことだってあり得るので、絶対にやめよう。そこは「ソフトSM」の範囲で楽しむようにしてもらいたい。

ソフトSM的なプレイは、工夫次第でいくらでも楽しむことができる。体位ひとつにしても、女性を支配しているようなものもあったり、逆に女性から支配されているような雰囲気を演出できるものもある。

例えば、後背位で挿入した後、女性の腕を後ろにつかんでみる。すると、男が征服しているかのようなスタイルになる。潜在的にM願望のある女性は、こういうスタイルになると、いつもと違って、激しく興奮したりするものだ。

また、騎乗位で、女性の思うまま、好きなように動いてもらう。すると、女性がセックスの主導権を握り、男性に対して攻撃的な動き方や愛撫をしてくる場合がある。男が女性の意のままに操られ、感じている姿を見るのが楽しいのだ。

僕は、セックスにおいて、「男はこうするべきで、女はこうするべき」というのは、一切ないと思っている。セックスにおいての答えはひとつではない。

そもそも、セックスの場面になると、明らかに普段の顔とは違った、別人格が出てくる女性も多い。

女性に愛撫されて感じることに対して、抵抗がある男性もいるだろう。しかし、そこは気持ちを柔軟にして心を解放させてみよう。男だって、感じれば、うんともだえてよがってもかまわないし、女性だって、自分から攻めたくなれば、男を無抵抗にして攻めたっていい。普段とのギャップもまたセックスの魅力だ。

フェラチオの反応はリアルタイムで伝えよ

フェラチオについては、男性側がして欲しくなった時、女性の顔にペニスを近づけて「はい、やって」という感じになるケースが多いと思う。しかし、本来は女性が「こんなにやさしく愛撫してくれるのだから、私もしてあげたい」という気持ちになって、女性の意志でフェラチオをするのが理想だ。

僕は、撮影のとき、できる限り相手の女優さんのことを「本気で愛する」ように心がけている。そうする過程の中で、相手の女優さんも、自分が感じるだけでなく、僕が感じる姿を見て喜んでくれるようになる。

その結果、撮影前に「フェラチオは嫌い」と言っていた女性が、僕を喜ばせたい一心で、僕のペニスに自分の意志で喜んでしゃぶりついてくるようになる。要は、男のリアクション次第。ここでも重要なのは、「命令」ではなく「誘導」だということだ。

男ってのは、プロの女性のように巧みなテクニックで舐めてもらうよりも、相手の女性が、自分のことを喜ばせようと、ひたむきに舐めてくれる姿に心を打たれるもんじゃないだろうか。だからこそ、女性をうまく「誘導」できるようになりたいものだ。

とは言うものの、女性は非常に感覚的にフェラチオをしているので、男の感じ方がまったくわからない、というのが普通だ。ペニスに歯が当たってしまうなど、なかなか上手くならないケースもある。どちらかというと、女性のフェラチオの上手さは天性のものなんじゃないかと僕は思っている。

もし、パートナーの女性が、思うように感じるフェラチオをしてくれない、というのであれば、男のほうから、感じ方をリアルタイムにどんどん言葉にしてみよう。それが最良の改善策になる。

フェラチオをしてくれる女性に対して「ヘタクソだ」などと怒ってはいけない。「せっかくしてあげたのに」と、不愉快になった女性は、二度とフェラチオをやりたくないという気持ちになってしまう。

男が「そこ、すごく感じるよ」とか、「そのままもっと奥に入れてみて」など、細かくリアクションしてみるのだ。カリの部分を丁寧に舐められるのがいいのか、すっぽりとのどの奥まで入れてもらうのがいいのか、女性も次第に男性の好みがわかってくるようになる。

フェラチオによって男が猛烈に感じて固くなっていく姿を見れば、当然、女性だって嬉しくなる。そして、フェラチオをしてくれた女性には、うんと感謝をしよう。そうすることで、セックスの回を重ねるごとに、女性から積極的にフェラチオをしてくれるようになるはずだ。

フェラチオで女性の口の中に射精したくなったときは、ちゃんと相手の了承を得るように。嫌がるようであれば、しないことだ。

AVでは、喜んで精液を飲んだり、顔出しさせる女性の姿が描かれるが、何度も言うように、それらはすべて男の都合でつくられたシナリオ。一般の女性に同じ行為を求めても、かなりの抵抗を受ける。強要すれば嫌われてしまう可能性も大きい、ということを覚えておいて欲しい。

アナル調教は不安感の払拭から始まる

女性の欲求をすべて満たし、女性が十分な快感を存分に味わい、男性に対して気持ちが100パーセント開いて、「もう何をされてもかまわない、好きにして欲しい」という気分になったとき初めて、まだ未開発だったアナルやSMを試してみる準備が整う。

女性としては、嫌悪感を覚える間もなく、痛みも感じないうちに、「いつの間にかそうなっちゃった」という状況がありがたいわけだ。そのことが、後から女性にとっての言い訳になる。そして、アナルの場合は「あ、アナルも気持ちいいんだ」という後味を女性の体に残さなくてはいけない。

ただし、肛門は排泄するための器官なので、異物が挿入されようとすると、収縮してしまうようにできている。つまり、もともとペニスを挿入するべきでない器官に挿入するのだから、当然、女性の体には相当な負担がかかる。

従って、ルールを守らなければ、女性が堪え難い痛みを伴うことになったり、病気になる可能性もあることを、まずしっかりと認識しておくこと。いい加減な気持ちではやらないで欲しい。

実際に僕が、「アナルはイヤ」と言う女性に理由を聞くと、ほとんどの女性が「痛かったから」と答える。

つまり、女性にそう思わせてしまった責任は、男性が上手くアナル調教できなかったことにある。一度「アナルは痛い」とインプットされてしまった女性に、心を開いて再度アナルプレイしてもらおうとするのはかなり困難になるので、そのことは心しておこう。

まず、最初のルールとして、アナルプレイをする場合、必ずベビーオイルやローションを用意しておこう。これがなければ、指よりも太いペニスを挿入するのだから、女性の肛門は切れてしまう。

また、当然だが、コンドームを装着すること。肛門に挿入するのだから、指やペニスに女性の便が付くことだってある。そんなときも、気づかれないようにティッシュでさりげなく処理すること。そのことで、女性に恥をかかせてしまうような言動はつつしもう。

そして、いきなり初めから指を入れようとしてはいけない。最もいいのは、先ほども言ったように、女性がセックスで満足感を感じ、気持ちが満たされ、ヴァギナの周辺が十分に濡れていることだ。

もし、そうでない場合は、前戯から始まり、たっぷりとヴァギナを愛撫しながらよく湿らせ、徐々にアナルへ愛撫するようにしよう。

アナルへ移行する前に、ヴァギナだけでなく、クリトリスの愛撫もしておこう。女性にとっては、クリトリスの心地よい快感が、アナルへの不安を和らげてくれる。

アナルが初体験の女性の場合、大きな不安と恐怖心を持っているものだ。「何をされてもかまわない」という満足感いっぱいの状態でない状況の場合、まずは女性の不安や恐怖心を取り除いてあげることが最も重要になる。

クリトリスとヴァギナを愛撫しながら、同時にアナルもやさしく指で触ってみよう。女性がクリトリスとヴァギナの快感に包まれて、それがアナルの快感とも錯覚するようにまでなれば、しめたものだ。

2本の指は重ねてねじりながら挿入せよ

次に体位だ。「アナルはバックで」と思われているようだが、むしろ初心者の場合、正常位のほうが望ましい。後背位になると、女性の視野に男性の行為が一切入らないので、余計に不安をかき立ててしまうことになる。

正常位にすることで、男性の顔の表情、今、何をしているかが女性からもよく見えるようにして、安心させてあげよう。腰の下に枕等を入れてアナルの位置を高くすると、男性にとっても挿入しやすい体勢になる。

さて、こうして準備が整ったら、ベビーオイルかローションを、指とアナルにたっぷりと塗っておく。こうして、指が滑りやすくなった状態で、まずは指1本から、ゆっくりと少しずつ挿入してみよう。最初は指の第一関節まで、次に第二関節まで、と時間をかけながら、焦らず徐々に指の付け根まで入れていこう。

一連の流れの中で、常に女性への優しい声かけも忘れないように。痛がっていないかを確認しながら、ふたりで気持ちをひとつにしていこう。指が根元まで入るようになったら成功だ。

そして、この状態にたどり着いたら、ヴァギナに指を入れて刺激するときと同じ要領で、アナルもゆっくり指を出し入れしながら刺激してみよう。

実は、アナルにもヴァギナと同様、Gスポットが存在する。場所はちょうど子宮の裏側あたりになる。このアナルのGスポットを刺激すると、女性はヴァギナのGスポットを刺激されているかのような錯覚にとらわれ、快感を覚える。

こうして、指1本を付け根まで挿入しながら、快感も感じられるようになったら、次は指2本にたっぷりとベビーオイルかローションを塗り、指をクロスさせるように重ねて、ゆっくりと挿入する。

ただし、指1本のときより当然太くなるので、ここで女性に「痛い」と思わせては失敗だ。クロスさせた指をまっすぐタテに挿入するのではなく、ゆっくりと時計回りにねじりながら入れてみよう。

この、クロスさせた指2本がうまくねじりながら入っていくと、アナル周辺の筋肉がかなり弛緩してくるのがわかるだろう。ここで、さらにアナルのGスポットを2本指で刺激してみよう。2本の指がまったく抵抗なくアナルに受け入れられ、スポスポと出し入れできるようになったら、いよいよペニスの挿入準備OKだ。

コンドームを装着してから、スムーズに挿入できるよう、ここでもベビーオイルかローションを塗っておこう。そして、女性が痛がっていないかどうかをよく確かめながら、ゆっくりとペニスを挿入してみる。

くれぐれも無理は禁物だ。少しでも女性が痛がったら、中断して休憩したり、指での挿入からやり直したりしながら、女性の痛みが取れた後に再度トライするようにしよう。
　根元まで挿入できたら、ゆっくりとペニスを動かしてみよう。うまくいけばラッキー、女性が痛がってうまくいかなくてもがっかりしないように。アナル初体験の女性に、最初からフィニッシュまで無理に求めないこと。お互いがアナルの快感を感じ合えるようになるまで、徐々にふたりで時間をかけてトライしてみよう。

　もともと、安全で気持ちのいいアナルセックスは難しいもので、プレイとしても、まさしく応用編ということになる。アナルセックスをしないで快楽を得ることは、十分可能なので、ただの好奇心だけでは、ゼッタイにやらないようにして欲しい。女性の体は、簡単に傷つく、ということを、しっかり覚えておいて欲しい。

第七章　ワンランク上のエリートセックスを手に入れる

心せよ！　セックスには男の人生そのものが表れる

セックスには、その人が今まで生きてきた人生がそのまま出る。ものの見方や考え方はもちろん、人に対する思いやり、協調性、読解力や観察力などもすべて。僕に言わせれば、あからさまな人生そのものだ。だから、自分が持っているもの以上のものは出ないし、それ以下も出ない。

ただ、今の世の中は、目に見えるものやお金に価値を置く「物質崇拝主義」に偏ってしまっているので、それが精神をゆがめ、愛情をゆがめ、人間にとって不自然な状況をつくりだしている。そのことで、人間同士が、男と女が、自然に触れ合うことができなくなっている。

本来は、セックスも〝自然〟が好ましい。だって、絶頂を迎えるというのは自己の解放であり、究極に〝自然〟の状態でないとあり得ないもの。だからこそ、〝不自然〟になってしまったとたん、〝よきところ〟にはたどり着けなくなる。ところが、今は、〝自然〟であるということが、非常に難しい時代になってしまった。

お金や物といった、形あるものを追いかけていると、目に見えてわかりやすいもの、手に入りやすいものばかりに価値を求めるようになる。それがバブル時代の象徴となったわけだけど、結局、バブルがはじけた後も、そういう価値観だけは変わらなかった。本質（＝自然）を見ることができない、という不自然さが根強く残ってしまったのだ。生まれたときから〝不自然な事情〟に囲まれて育ってきた今の若い人たちは、ますます物やお金に価値を求めるようになってしまっている。

「イケない」女性や男性が増えている裏には、こういう社会背景があるのだと僕は考えている。そもそも「イク」というのは、物質世界とは180度反対に位置するものだから、物質的に見えるものしか信じなくなればなるほど、「イク」ことから遠ざかってしまうわけだ。

でも、これは、避けられない社会の〝不自然〟な流れが大きすぎるためで、本人が悪いわけじゃない。といって、今のまま諦めてしまっていいわけはない。変えられるところから変えていこう。

セックスで、相手に「なんでイケないの？」って言ってしまうことは簡単だ。でも、それは言いっこなしにしよう。相手の女性が何を考え、どういう生い立ちだったか、そんな会話から始めていくことが、唯一、〝不自然〟さを〝自然〟に変えていく、大切なステップなのだ。〝自然〟が身近になれば、女性も男性も、もっともっとセックスの快感を享受できるようになるはずだ。

知識で頭をいっぱいにすると、セックスが下手になる

昔と比べると、最近は、子供をできるだけ早くおっぱいから引き離したり、早くから勉強を教えたり、早く立派な大人になって自立しろっていう教育をしているように見える。ところが、そうしてしまうことで逆に、周りの人たちから学ぼうとか、吸収しようとする能力が育たなくて、協調性がないまま、実は自立しにくい大人になってしまう。

これに関して、興味深い話を聞いた。そうやって育てられた子供に、白い画用紙とクレヨンを持たせて、「好きなように絵を描いてごらん」と言っても、描けなくなっちゃうというのだ。「何を描けばいいんですか」って、聞くようになるらしい。

「何を、どんなふうに、どうやって描くか」を、大人がマニュアルで教えてしまってい

るから、勝手に描く、好きに描く、という行為ができなくなる。

極端な話、キスもセックスもその延長線上にあるのだから、マニュアルなしでは、何もできない大人になってしまう、というわけだ。

何でもいいから、自分の思うままにとにかく画用紙に描いてみる。そうすることで、次第に絵を描く感覚を身につけていくものなのに、「どう描けばいいんですか」「どうセックスすればいいんですか」と、人に聞かなければ何もできないという貧しい人間になってしまうのだ。

大人に教えられる前、うんと小さかった純真な頃は、クレヨンを持たせれば、描き方がわからなくても、好きなようにぐるぐると、わけのわからない形を画用紙に描いたはずだ。そうやって、何もわからない状態で描いてみることこそ、僕に言わせるとセックスと同じで、セックスに必要な行為なのだ。

人間の体と頭は、常に反比例している。だから、頭に余計な情報を入れた瞬間、体はそれと反比例の反応をすることになる。頭の中で「どうやってやろう」「ああしなきゃ」「こうしなきゃいけない」と考えれば考えるほど、体はがんじがらめになってしまい、負のスパイラルにおちいってしまうのだ。

あなたも経験したことがあるだろう。「ここで盛り上げなくちゃ」と考えているときに限って、頭の中はいたって冷静だし、頭と裏腹に体は盛り上がらなくなる。頭の中の情報を削除して真っ白にしなければ、体は感じないし、反応しないのだ。

女性の子宮をくすぐるガキが、究極にいい男？

男は、画用紙に向かって好きなようにぐるぐると絵を描くガキでいいのだと思う。女性が惚れてしまう男っていうのは、母性を、子宮をくすぐることができる男なのだ。

だから、やることは大人のセックスでも、心は自然体なガキのままでむしろかまわない。変にセックスの情報を持った頭でっかちな物知りより、絶対にいい。

ＩＱがよくたって、それも邪魔になる。僕が知っている〝高学歴自慢〟のヤツらは、どいつも気が利かなくて、女性に何も気遣いができない。「女性に気を遣えなくて、世の中渡っていけるか！　ＩＱなんて、何の役にも立ちゃしない」って、僕はそいつらによく怒る。

結局、男と女は、単純に「ガキと母親」になれれば、うまくいくんだと思う。「いたずらしないでいい子にしてるのよ」とか、「暗くならないうちに早く帰って来なさい」なんて言われたら、うっとうしくは思うけれど、お腹が空けば必ず母親の元に帰ってくるし、疲れたら安心できる寝床で眠るものだ。

目に見えない首輪と鎖を付けておきながらも、「どうせ疲れて帰って来るから」と、男を自由にさせてあげられるかどうかに、女性の力量が表れると思う。

男の携帯の着信やメールをチェックしたり、「浮気しちゃダメ」って言葉で縛ったりすると、鎖でがんじがらめになってしまうけど、「浮気くらいいいわよ、どうせ帰って来るんだから」って、男のことを信頼する余裕が持てたら、理想的な関係が築けるのだと思う。

結局、余裕を持てるってことが、自分に自信をつけることにつながり、相手を安心させて歓ばせることにもつながる。女性は「相手を縛らない母性的度量」、そして男性は「マニュアルやギブアンドテイクの発想にとらわれない、思いやりとプロセスを楽しむゆとり」。男も女も、そういう余裕を持てたときに初めて、相手のことも歓ばせることができる。ちなみに、男がゆとりを身につけるには、女性に対して尊敬の念を持つことから始めるのが一番だろう。

精神論のようだが、すべてこれは、セックスにもいきつく。日頃から、そういう余裕を持っているかどうかは、無意識のうちにセックスに表れてしまう。余裕は、相手への思いやりであり、相手を受け入れる度量の深さになるのだ。

多くの人が勘違いしているが、〝いいセックス〟をしたいのなら、テクニックを磨くとか、潮吹きのやり方を覚えるなんてことばかり考えるのは、本末転倒。表面的な技術より前に、心の持ち方が、本当に〝いいセックス〟をするためにいちばん必要なことなんだと思う。だからこそ、テクニックだけじゃ女性はイカないってことを、ここまで繰り返し言ってきたわけだ。

最初の章で書いたように、原始の時代から遡ってみても、オスはメスのために生きてきたのだし、女性は一番いい遺伝子を残すため、自分に合った男を見つける選択眼が、本能的に優れている。だから、いくら男がじたばたあがいても無理なのだと思っていればいい。テクニックで勝負するという考え方を、一度捨てるところから始めないと、先には進めないだろう。

ひとつのことを極められる男は、セックスも上手くなる

ところで、女性のお眼鏡にかなう、本当にデキる男ってどういう男なのか。僕なりに、〝本能的に欲するもの〟を分析して、ひとつの結論を見つけた。

人間が本能的に持っている三大欲求は、「食欲・睡眠欲・性欲」。これはご存知のとおり。じゃあ、男が誰でも欲しいと思ってるものは何か。僕は、「五大欲求」っていうのがあると思っている。略して「五欲」。

それは何かというと、ビル・ゲイツ並みの「頭脳」、アラブの富豪並みの「お金」、イチロー並みの「身体能力」、キムタク並みの「ルックス」、そして女を酔わせる「セックスの力」の5つ。

男が欲しいものって、この5つに絞られると思う。

頭がよくて、お金があって、身体能力が優れていて、顔がよくて、セックスが上手い

男がいたら完璧だ。無意識のうちに、男っていう生き物は、この五欲に対する〝信仰〟を持っているものだ。このうちのひとつでも、飛びぬけて優れている男に対しては、絶対的に尊敬の念を抱いてしまう。でも、5つすべてを満たしている男なんて、たぶんいないんじゃないだろうか。

それでも男は、仕事でも、恋愛でも、人生でも、この5つを満たすために努力をする。人より優れた身体能力が欲しいから筋肉を鍛えるし、お洒落してカッコつけるのも、見た目のいい男に近づきたくてやっている。

この5つっていうのは、たとえ全部は手に入れられなくても、真剣に打ち込めば、誰でもひとつくらいは、ちゃんと手に入れられるものだと思う。みんな、5つのうち、どれに打ち込むかを選びながら生きているものなんじゃないだろうか。「俺は頭が悪いから、頭脳は無理だけど、残りは4つある」というように、自分がどの欲求になら向かっていくことができるか、取捨選択しながら生きているのだ。

ところで、どれかひとつを極めることができる男というのは、必ず残りのいくつかも付随して手に入れられるものなのだが、そのことに気づいている人は、意外と少ないような気がする。

例えば、ビル・ゲイツの人並み外れた「頭脳」は、大きな「お金」も生んだ。仕事ができるとお金がついてくることは、ままあることだ。セックスがすごく上手くなった男が、いつまでも運動音痴で悩むってこともないと思う。ルックスのいい男が、仕事でも成果を上げているということもよくある。仕事で、取引先を夢中にさせる方法を知った男は、セックスでも女性を魅了できるようになるだろう。

つまり、どんなことであれ、ひとつのことに一生懸命になれる男は、付随して他の能力も上がってくるということだ。これは同時に、何に対しても一生懸命になれない男は何をも手に入れられない、ということにもなる。

だからこそ、ここで、自分は五大欲求のどのジャンルなら頑張れるか、ということを真剣に考えて欲しい。この「五大欲求の世界」には、どの入り口から入ってもいい。すべての入り口が中でつながっているからだ。

今の教育を見てみると、「頭脳」がダメだと、すべてがダメという烙印を暗黙のうちに押してしまう印象が強い。

僕なんかは、子供の頃の成績は決してよくなかったから、もし、「頭脳」だけで判断されていたら、完全に負け組もいいとこ。

でも、この仕事をするようになって、昔より頭の回転が良くなったと思う。何千人もの女性を相手にしていく中で、頭を使わざるを得なかった。女性について、セックスについて考えた時間と量は、誰にも負けないと思う。子供のときに勉強ができなかったとしても、そういうふうにして頭を使えば、十分「頭脳」は発達すると思うし、実際、高学歴の男と話しても、自分が劣っていると感じたことはない。それどころか、僕のほうがよくわかってることだって山ほどあるわけだ。

僕の「頭脳」は、こんなふうに「仕事」「セックス」をがんばったから、付随して鍛えられたわけだ。

何かを極めるために力を注いでいる男というのは、他のことに対しても手を抜いてラクをしようなんて思わない。ひとつのことに対して100パーセントを出し切れる男は、他のジャンルでも、自分なりに100パーセントを出そうとしてるものだ。「後は全部

50パーセントでいいや」なんていう考えでいたら、結局は、何ひとつ極めることはできない。

ちなみに、そういうところこそ、女性はしっかり見ているもの。努力して損することはないというわけだ。

脳みその芯まで感じるセックスをしよう

セックスでも仕事でも、100パーセントを出し切れる男になろう。そうすれば、必ず結果は後からついてくる。そして、女性にジャッジを委ねてしまおう。しょせん男は女の腕の中。オスはメスのために存在しているのだから。

「人間の脳は、外側に理性とか、常識とか、感情を司るところがあって、中心に向かうに従って、〝は虫類〟になっていく。その〝は虫類〟の脳みそ部分にまで意識を下げていくことができて初めて、本質に迫ることができる。つまり本物のセックスができるようになる」

これは、かつて僕が代々木監督に言われたことだ。

僕は6000人の女優さんたちとセックスしてきた中で、たった一度だけ、撮影時に女優さんを前に勃起できなかったことがある。僕としてはあり得ないことだった。そのときは、僕自身、ものすごくショックだった。

でも、立たなかった理由は簡単。僕がその女優さんに本気で惚れてしまっていたからだ。勃起しないから撮影にならない。スタッフに迷惑をかけ、プロとしてはとても恥ずかしい思いをした。しかし、どんなにプロ意識を強く持っていても、惚れた女の前では、しょせん男とはそんなものなのだ。

その後、彼女とは一緒に暮らし、お互いがお互いの最高の理解者として愛し合い、僕は彼女によって、脳みその芯にある、〝は虫類〟の部分で感じるセックスに導かれた。何もかも忘れて、真っ白になる快感を味わった。

どうせするなら、男も女も最高に満足できる、本物のセックスをしよう。それは難しいことじゃない。本気で惚れ合っていれば、〝は虫類〟の部分で感じるセックスが、誰にでもできるはずだ。

そして、そういうセックスこそ、最高の男と女による、究極のセックスなのだ。

おわりに

僕が一番最初に本を書こうと思ったのは、当時、21歳だったアシスタントの男の子に、「鷹さん、キスってどうやってするんですか?」って聞かれたことがきっかけだった。

僕はそれまで、キスにしてもセックスにしても、自分の感性でするのが当たり前だと思っていたので、彼の唐突な質問にはとても驚かされた。

「そうか、今の若い男の子たちには、自分がしたいと思うようにするもの、と言ってもわからないんだ。キスのやり方から丁寧に説明して教えないとできないのか」と気づかされ、映像だけではなく、僕自身が体験を通して積んできたノウハウについて書き記しておこうという気持ちになった。

もちろん、そのことを本にするようになってからも、僕はノウハウやハウツーに偏ってはいけないことを、繰り返し伝えてきたつもりだ。自分のエゴを取り除かなくてはいけないことも。

男性だけでなく、女性に向けても、セックスが幸せなものだと心から感じてもらえることを願い、書籍や雑誌、ラジオ、イベント等を通して、たくさん発信をしてきた。

しかし、一方で、世の中は、パソコンや携帯の普及によって、ますます大量の情報が流れ、若い人たちを中心に、拝金主義、物質至上主義的な考えが、すっかり幅を利かせてしまうようになった。

そのひずみは、至るところで様々な犯罪、殺人からDV、いじめ、虐待のような形で噴出している。表立っては鮮烈なニュースにならなくても、セックスレス夫婦の増加のように、膿《うみ》のように溜まっている問題も数多くある。

僕が女優さんたちと接している中でも、昔と比べて随分と女の子の意識や、その親子関係が変化してきているのを感じる。とても不安定な気持ちを抱えた子たちがたくさんいる。

お金や欲しい物をいくらたくさんそろえても、人間にとってはそこから得られない大切なものがあって、夫婦や親子が仲睦まじくすることであったり、人が人を思いやったり、愛し合う心であり、互いに感じ合う感性であるということは、必ずたどり着くはずだ。

ところが、生身のまま、心を開いてぶつかり合い、本当に大切なことを確かめ合い、分かち合っていくという作業そのものが、多くの人たちにとって、すっかり困難なことになってしまった。

メールでなければコミュニケーションができない、出会い系サイトで知らない異性になら気軽にメールで本音をぶつけられるのに、惚れてる相手には面と向かうとうまく話せない、などなど……。

「そろそろ、ちゃんと心のことに向き合って、書かなくちゃいけない時期が来たのかな」

僕がそう思い始めた矢先、幻冬舎さんから、この新書のお話をいただいた。

昨年(2006年)の暮れ、僕は運転中、愛車が突然、爆発炎上するという、予想外の凄《すさ》まじい体験をした。それでも運よく、僕自身は気づいてすぐ車から飛び出したので無傷。大切な相棒だった愛車は、まるで映画のワンシーンのように、目の前で4メートルもの激しい火柱を上げ、跡形もなく真っ黒に焼けこげてしまった。

その事故からわずか数日後、幻冬舎さんと、この新書についての打ち合わせを初めてしたのだ。

愛車の爆発原因を突き止めるための調査も、僕自身がショックから立ち直るのにも、随分と時間がかかった。しかし、これまでの人生を振り返ってみると、何かの大きな節目がある直前、僕はなぜか必ず「よくぞ命が助かった!」と思うような交通事故に巻き込まれている。まるで、その事故で厄落としをしたかのように。

つまり、この愛車の爆発炎上事故も、僕にとっては、次なる扉を開くための大きな節目を意味しているのではないかという気がしてならない。そう、これは今までの僕とは違う、ひとつの節目になる本なのだと思っている。

6000人もの女性たちとセックスを経験した人間なんて、どこを探してもいないだろう。そんな、AV男優として貴重な経験をすることができた僕が今後できることは、おこがましいようだが、ひと言で言えば、「人助け」なのではないかと思うのだ。

実のところ、僕は、お金儲けというのにまったく興味がないタイプだ。僕が経験してきたことを通して、大勢の人たちが喜んでくれたり、救われた気持ちになってくれるのなら、僕にとってはこんなに嬉しいことはない。

心が豊かになる幸福なセックスを、日本中の人たちが自然に楽しむことができるようになる。そのためには、青少年たちの性教育や女性、老人に対しても、僕ができることは、求められれば何でもしていきたいと思っている。ゆくゆくは、日本の未来を背負う子供たちのために、僕が役立つことができないかとも考えている。

しかし、とにもかくにも、まずは日本の経済を支えるビジネスパーソンの男性陣に、先陣を切って「魅力的ないい男」になるための感性と心磨きをしてもらい、愛するパートナーとの素晴らしいセックスライフを楽しんで欲しいと切望している。

そうでなければ、日本全体は決してよい方向へは向かわないし、僕はそのための応援を惜しまずしていきたいと思っている。

この本から、そんな僕の気持ちをくみ取っていただけたら幸いである。

２００７年　春

加藤鷹

著者略歴

加藤　鷹《かとうたか》

一九六二年、秋田県秋田市生まれ。

秋田商業高校卒業後、地元で日立の営業マン、秋田ビューホテルのホテルマンなどを経験。

八七年に上京、ＡＶ業界入り。

八八年に撮影スタッフからＡＶ男優に転向。

以来、ＡＶ出演約五〇〇〇本、共演女優は約六〇〇〇人を数え、名実ともにＡＶ界トップスターの地位を築く。

ＴＶドラマ、バラエティ番組、雑誌、書籍などにも活躍の場を広げ、恋愛やセックス相談への真摯なアドバイスに女性ファンも多い。

http://www.katotaka.com/

幻冬舎新書 035

エリートセックス

二〇〇七年五月三十日 第一刷発行
二〇二一年六月二十日 第十三刷発行

著者 加藤鷹
発行人 見城徹
編集人 志儀保博

発行所 株式会社 幻冬舎
〒一五一-〇〇五一 東京都渋谷区千駄ヶ谷四-九-七
電話 〇三-五四一一-六二一一(編集)
〇三-五四一一-六二二二(営業)
振替 〇〇一二〇-八-七六七六四三

ブックデザイン 鈴木成一デザイン室
印刷・製本所 株式会社 光邦

GENTOSHA

検印廃止

Printed in Japan ISBN978-4-344-98034-1 C0295
か-2-1

幻冬舎ホームページアドレス https://www.gentosha.co.jp/
*この本に関するご意見・ご感想をメールでお寄せいただく場合は、comment@gentosha.co.jp まで。

幻冬舎新書

団鬼六
快楽なくして何が人生

快楽の追求こそ人間の本性にかなった生き方である。だが、自分がこれまでに得た快楽は、はたして本物だったのか？　透析を拒否するSM文豪が破滅的快楽主義を通して人生の価値を問い直す！

本橋信宏
心を開かせる技術
AV女優から元赤軍派議長まで

人見知りで口べたでも大丈夫！　難攻不落の相手の口説き方、論争の仕方、秘密の聞き出し方など、大物、悪党、強面、800人以上のAV女優を取材した座談の名手が明かす究極のインタビュー術!!

エリオット J.シマ
金正日の愛と地獄

裏切り者を容赦なく処刑し、大国を相手にしたたかに渡り合う暴君で非情の独裁者・金正日の、男として、父親として、金王朝の王としての人間像、指導者像に肉迫するセンセーショナルな一冊。

香山リカ
スピリチュアルにハマる人、ハマらない人

いま「魂」「守護霊」「前世」の話題が明るく普通に語られるのはなぜか？　死生観の混乱、内向き志向などとも通底する、スピリチュアル・ブームの深層にひそむ日本人のメンタリティの変化を読む。

小浜逸郎
死にたくないが、生きたくもない。

死ぬまであと二十年。僕ら団塊の世代を早く「老人」と認めてくれ――「生涯現役」「アンチエイジング」など「老い」をめぐる時代の空気への違和感を吐露しつつ問う、枯れるように死んでいくための哲学。

小山薫堂
考えないヒント
アイデアはこうして生まれる

「考えている」かぎり、何も、ひらめかない――スランプ知らず、ストレス知らずで「アイデア」を仕事にしてきたクリエイターが、20年のキャリアをとおして確信した逆転の発想法を大公開。

寺門琢己
男も知っておきたい
骨盤の話

健康な骨盤は周期的に開閉している。さまざまな体の不調は、「二つの骨盤」の開閉不全から始まっていた。ベストセラー『骨盤教室』の著者が骨盤と肩甲骨を通して体の不思議を読み解いた。

和田秀樹
バカとは何か

他人にバカ呼ばわりされることを極度に恐れる著者による、バカの治療法。最近、目につく周囲のバカを、精神医学、心理学、認知科学から診断し、処方箋を教示。脳の格差社会化を食い止めろ!

幻冬舎新書

大野裕
不安症を治す
対人不安・パフォーマンス恐怖にもう苦しまない

内気、あがり性、神経質――「性格」ではなく「病気」だから治ります。うつ、アルコール依存症に次いで多い精神疾患といわれる「社会不安障害」を中心に、つらい不安・緊張への対処法を解説。

久坂部羊
大学病院のウラは墓場
医学部が患者を殺す

医者は、自分が病気になっても大学病院にだけは入りたくない――なぜ医療の最高峰・大学病院は事故を繰り返し、患者の期待に応えないのか。これが、その驚くべき実態、医師たちのホンネだ！

久坂部羊
日本人の死に時
そんなに長生きしたいですか

あなたは何歳まで生きたいですか？　多くの人にとって長生きは苦しく、人の寿命は不公平だ。どうすれば満足な死を得られるか。数々の老人の死を看取ってきた現役医師による〝死に時〟の哲学。

山﨑武也
人生は負けたほうが勝っている
格差社会をスマートに生きる処世術

弱みをさらす、騙される、尽くす、退く、逃がす……あなたはちゃんと、人に負けているか。豊富な事例をもとに説く、品よく勝ち組になるための負け方人生論。妬まれずにトクをしたい人必読！

幻冬舎新書

浅羽通明
右翼と左翼

右翼も左翼もない時代。だが、依然「右―左」のレッテルは貼られる。右とは何か？　左とは？　その定義、世界史的誕生から日本の「右―左」の特殊性、現代の問題点までを解明した画期的な一冊。

白川道
大人のための嘘のたしなみ

仕事がうまくいかない、異性と上手につき合えない……すべては嘘が下手なせい！　波瀾万丈な半生の中で多種多様な嘘にまみれてきた著者が、嘘のつき方・つき合い方を指南する現代人必読の書。

田中和彦
あなたが年収1000万円稼げない理由。
給料氷河期を勝ち残るキャリア・デザイン

大企業にいれば安泰、という時代は終わった。年収1000万円以上の勝ち組と年収300万円以下の負け組の二極分化が進む中で、年収勝者になるために有効な8つのポイントとは。

中川右介
カラヤンとフルトヴェングラー

クラシック界の頂点、ベルリン・フィル首席指揮者の座に君臨するフルトヴェングラー。彼の前に奇才の指揮者カラヤンが現れたとき、熾烈な権力闘争が始まった！　男たちの野望、嫉妬が蠢く衝撃の史実。

幻冬舎新書

中山康樹
挫折し続ける初心者のための
最後のジャズ入門

すでに入門を果たした人たちにとってジャズは決して怖くない。わかっていない入門書、おせっかいなマニアなど、初心者を惑わす要因を一蹴し、「唯一の入り口」に誘う、最強のジャズ入門。

井上薫
狂った裁判官

裁判官が己の出世欲と保身を優先することで、被告人の九九％が有罪となる一方、殺人を犯しても数年の懲役しか科せられないことさえある……矛盾がうずまく司法のカラクリを元判事が告発する衝撃の一冊。

江上剛
会社を辞めるのは怖くない

会社は平気で社員を放り出すし、あなたがいなくても企業は続いていく……。だったら、思い切って会社を辞め、新しい一歩を踏み出してみては？　今すぐ始められる、その準備を心構え。

小泉十三
頭がいい人のゴルフ習慣術

練習すれどもミスを繰り返すのはなぜなのか？　アマチュアの著者が一念発起、本格的なレッスンを受け、プロの名言に触発されつつ、伸びる人の考え方を分析。あなたの上達を妨げる思い込みを覆す！

幻冬舎新書

長嶺超輝
裁判官の爆笑お言葉集

「死刑はやむを得ないが、私としては、君には出来るだけ長く生きてもらいたい」。裁判官は無味乾燥な判決文を読み上げるだけ、と思っていたら大間違い。個性あふれる肉声を集めた本邦初の裁判官語録。

斉須政雄
少数精鋭の組織論

組織論の神髄は、レストランの現場にあった！　少人数のスタッフで大勢の客をもてなすためには、チームの団結が不可欠。一流店のオーナーシェフが、最少人数で最大の結果を出す秘訣を明かす！

村上正邦　平野貞夫　筆坂秀世
参議院なんかいらない

庶民感覚に欠け平気で嘘をつき議員特権にあぐらをかく政治家が国家の舵を握っている。参議院の腐敗が国家の死に体をもっとも象徴する今、政治がおかしい原因を、政界・三浪人が大糾弾。

内館牧子
女はなぜ土俵にあがれないのか

伝統の保守か、男女平等か――神事から格闘技、「国技」へと変貌しつつ千三百五十年を生き抜いた相撲。誰よりも相撲を愛する人気脚本家が、「聖域としての土俵」誕生の歴史に迫り、積年の論争に終止符を打つ。